說/故/事

01 看見真實人生

U0003041

STORYTELLER

陳怡伶等——著

的 人

出版緣起

慈濟人文真善美：見證與時代共善的生命豐華

他們是比慈濟志工都還更早起床、更晚就寢的一群人。當慈濟志工忙於急難救助、營隊活動、人文典禮、社區帶動的大小場合裡，他們放下原本的任務，先幫忙搬桌椅、抬米糧、扶老幼、清髒汙、帶活動、陪掉淚……然後又要在眼淚還沒乾的情況下，馬上轉換心態爬到高處或蹲進低窪，用筆、相機或錄影機，為的只是留下一段紀錄，讓人間互動的真情，剎那成為永恆。他們就是慈濟獨有的功能團隊——人文真善美志工。

早在一九八九年十月十五日，為了讓慈濟人文能傳播得更久遠、廣闊，慈濟成立「慈濟筆耕隊」，志工開始承擔起記錄社區活動的使命；而後，再陸續加入拍照與錄影功能，並於二〇〇三年正式將文、圖、影三者合一，統稱為「慈濟人文真善美」，由慈濟基金會文史處一路陪伴至今。

慈濟創辦人證嚴上人多次肯定人文真善美志工，親身投入在第一線從事記錄工作，走在最前，做到最後，為慈濟記錄與傳布人品典範，讓文史流芳。「真的是值得褒揚的一群菩薩，出錢、出力，還要撥出時間，還要陪伴，不管上山下鄉，沒有他們，我們就沒有時代的見證，沒有社會的歷史，也沒有慈濟大藏經。慈濟的大藏經就是有這麼多的志工默默付出，而且堅定道心這樣地走過來。」

人文真善美志工沒有學歷限制，來自各行各業，各有不同的身分背景，卻因一個共同的志向：「為時代作見證，為慈濟寫歷史。」他們也像你我一樣，有著屬於自己的生命故事，也許曾歷經困頓、親人驟逝、生計窘迫、人際矛盾等等生命難題，然而，他們經由接觸慈濟、親身付出、記錄與見證中，也打開了自己的視野，重新活出生命風采。

二〇二〇年八月，上人期勉慈濟基金會文史處更積極地透過出版，為慈濟留下真實美善的足跡。上人多次表達，慈濟出書不是追求商業銷售數字，而是期待這些長年來默默付出的慈濟人，他們赤誠付出的一念心，能在歷史洪流中留下點滴印記。

二〇一三年，「慈濟人文真善美」成立十週年，慈濟全球資訊網策畫「說故事的人」專題，蒐羅這一群總是隱身在鏡頭後「說故事的人」，呈現長年以來自假自費做慈濟、寫慈濟故事的人文真善美志工故事，向這一群記錄他人故事的志工致敬。

事隔七年，多數主人翁仍活躍在慈濟付出無所求的場域裡，但也有已然圓滿一生的人格典範，這些故事仍讀之雋永，芳蹤仍如猶在眼前。此次再度集結成書，期盼讓更多他、你、我一起來看見美善並親身投入，書寫屬於自己與時代共善的故事。

推薦序

用人生　紀錄人生

——賴睿伶（慈濟基金會文史處高級專員）

第一次見到「未施胭脂與抹粉」的慈濟志工所紀錄的影片時，我哭了！那段影片畫面是晃動的，聲音也是斷斷續續的，從電視台節目製作的角度來看，恐怕難以稱得上是可用的素材，但畫面中的影像，是志工深入到災難現場，站在苦難者的身邊所記錄下來的——我從影片裡聽到，不知是災民還是記錄者的嗚咽聲；從畫面裡看到，人與人之間，因相互擁抱而氤起的霧氣，朦朧了鏡頭。在看影片的當下，我鼻頭一酸，這部沒有任何旁白的拍攝帶，讓我觸動了心中柔軟的一塊，之後我才知道那是「慈悲」，才知道這群記錄的人有一共同的名字——慈濟人文真善美志工。

我和真善美志工的關係，最好的界定詞應該是「同學」或「同修」。二〇〇三年，加入慈濟基金會工作時，我只是一名「慈濟的人」，對慈濟仍是一知半解。這一年，我所承擔的就是推動與培訓「文化三合一志工」，在那段對慈濟仍是懵懂的期間，那群資深的「文化三合一志工」就成為我的入門老師，他們教導我佛教儀軌、慈濟精神、社區運作和志工生態；我則以幾年的節目製作經驗當作交換，提供錄影專業、剪接技巧、撰稿採訪、專題企劃的經驗。

幾年來，真善美教我愈來愈多，他們的名稱也從「文化三合一」，改為「人文真善美」。我們一直相互成長，當我無法再給予他們我的專業時，我引薦專業的老師前來授課，但他們總是學習得很快。於是我提供的不再是專業，而是慧命的分享，而我也因為想要成為像他們一樣的人，我開始培訓並受證成為慈濟委員。

我相信，很多在慈濟從事人文紀錄的職工或志工，都是在慈濟的精神感召下，投入一場又一場，用生命紀錄生命的工作——我們與被記錄者之間，因為這一場生命的互相傾訴，而成為彼此的力量；我們在他們的身上，不只是擷取、尋找答案，而是在互相撫慰，走過眼前的困難；我們總是彼此相惜、互有同感，因此我們見證了時代的真、善和美，也讓我們這個團隊持續成長。

生命終有盡，然而慧命無窮；感恩所有的人文真善美志工，為時代做見證、為慈濟留歷史、為社會立典範。我也誠摯相信，這些我們共同努力完成的作品，將會比我們的生命都還會更加長久，恆久地見證那時、那地、那人，曾有的剎那感動。謹以此書感恩記錄歷史的人，他們的身影也是慈濟歷史的一部分，他們的克服萬難、使命必達，造就出人間佛教不可缺少的重要篇章。

目次

職人素人　一片真心

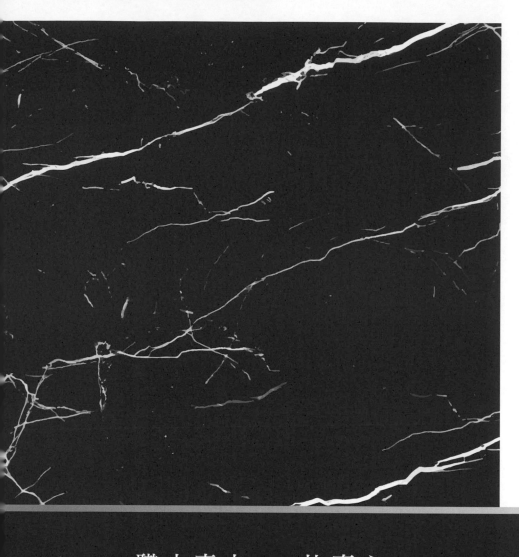

真＿＿之卷

隨師宿緣深

真之卷 | 黃錦益 & 慈暘

（攝影：洪斯文）

「浮世累劫，闇於深淵壑谷，隔世遇著啓蒙師，得見光明燦爛。是上人慈悲度我，有幸與上人結下師徒因緣。」陳英珍拈起杯緣喝口茶湯，溫暖緩和的語調盛情地道著彌足珍貴的記憶……

我要的人來了

一九八〇年代，完成「十大建設」後的臺灣社會洋溢著一股蓬勃生氣，空拍專家黃錦益接到了政府委託，要為甫興建完成的花蓮港執行空拍。臨行前，他忽而想起慈濟志工嚴淑真一直請託的事：為即將落成的花蓮慈濟醫院拍一張全景照。

長久以來，黃錦益與太太陳英珍都只是捐款，雖然是名義上的會員，其實對慈濟不甚瞭解，只約略知道是一位佛教法師在花蓮做慈善、蓋醫院。黃錦益心想：「應該會是一間比較小、距離市區較遠的建築吧？」不論如何，他覺得如果能藉此次花蓮行，順道完成慈濟醫院的空拍，也算成就一樁美事。

拍攝當天，黃錦益先完成了花蓮港空拍，直昇機才轉頭沒多久，機上的軍方隨行官就開口說：「已經到慈濟醫院了。」黃錦益有點驚訝，醫院竟然離市區不算太遠，

「我看到一棟白色的建築物，上面寫著『佛教慈濟醫院』。」這是他第一次親身接觸慈濟，所拍下的照片，也是慈濟有史以來的第一張建築空拍圖。

照片沖洗出來，嚴淑真又邀請他們夫妻倆帶著照片到花蓮面呈上人。黃錦益這才知道，原來上人為了拍醫院全景已經花了很多心思，但都因拍攝高度不夠而無法完成。上人誠摯感恩這一位「天外飛來」的人才，展顏笑道：「這就是我要的！」又說：「我要的人來了！」

陳英珍回憶那一幕：「初見上人的笑容，內心有著奇妙的欣喜，超乎世俗結婚、生子的喜悅。那是純然未有過的喜樂開懷，自覺身心豁然舒展開朗，心曠神怡，是前所未有、好奇特的愉悅歡喜。」

難忘的作品

早期上人行腳，隨行的只有服侍上人的德恩師父以及負責執筆「隨師行記」的德宣師父。德宣師父既要攝影又要撰稿，分身不暇，若有珍貴畫面捕捉不及，常引以為憾。認識黃錦益夫妻，德宣師父欣喜有餘，力邀一起隨師。

黃錦益看見靜思精舍出家眾不受供養，在自力更生的清苦生活中，仍堅持每月濟貧的修行生活，自認身懷媒體專業，更該為證嚴上人留下更多記錄。之後，兩夫妻發心皈依，法號濟宇、慈暘。黃錦益笑言：「我皈依時，上人跟我講了一句『慈濟世界任你遨遊』。我就想，我一個人的力量有限，怎麼去遨遊？但我本著一念心，能做的我都做。」由於能承擔記錄的專業人才不夠，黃錦益身上經常扛著三種相機，一臺彩色、一臺黑白，還有一臺幻燈片。遇到如慈濟護專開學這樣的大活動，更是提早來到花蓮勘察場地，依照活動流程先找好據點，架上相機與鏡頭，再調整好角度；活動一開始進行，他就滿場移動，一人當多人用，完成拍攝工作。

這些看似不可思議的作法，對黃錦益來說，卻都只是發揮專業而已。「做記錄，事先準備要重於現場執行。去拍之前瞭解動向，就可以尋到生動畫面；如果你今天沒做準備，盲目想用鏡頭去找畫面，那是很難的。我們有一句話這麼說：『讓照片說故事，不是我們來說照片的故事。』」

後來，黃錦益覺得有錄影的必要，又去買了一臺錄影機。每次出任務，他總是身負著大小攝影器材。上人看在眼裡，有一天，便對慈暘輕輕地表示：「妳也該幫幫妳師兄。」早期的照相機很重，主機外還要接出一個大燈。在家不曾揹過重物，甚至對相機一竅不通的慈暘，開始學習拍照。她第一次拿起相機，是上人行腳至臺東時。「上人慈藹端坐樹下，我拿起相機拍攝，咦！鏡頭內怎麼看不到上人呢？我向外瞧瞧，上人是端坐在那呀！又探回鏡頭看看，怎麼鏡頭內還是看不到上人呢？」慈暘正疑惑時，走路向來輕盈無聲響的上人已經走到她面前，掀起相機的鏡頭蓋說：「蓋子還在鏡頭上，妳怎麼看得到我？」回憶往事，慈暘又溫婉地笑了。一回生兩回熟，聰慧的慈暘，連如何調整廣角鏡頭也上手了。她終於有了最得意而且難忘的作品：一九九一年，慈濟志工在臺北各街頭為大陸華東洪澇舉辦賑災募款活動。其中一個場景在臺北市博愛路，商店林立，街衢熱鬧有餘，一行人隨同上人緩緩地走到募款箱面前，上人投下他的愛心善款。這一瞬間的動作，透過黃錦益和慈暘的拍照、錄影，化作永恆的一幕。

見證首次大陸賑災

一九九一年中國大陸華東水災嚴重，上人堅守宗教本懷，決意貫徹人道精神來進行援助；然而，不僅臺灣社會大眾反對，連彼岸政府領導也諸多防備。黃錦益嘆道：

「我那時的任務，就是要把災區真實的情況記錄下來。沒想到所有的器材一進海關就全部被扣，怎麼溝通都沒用。直到我們任務結束離開，這些器材都沒法拿回來。」讓黃錦益心疼的，不在於那些價值數萬美金的高貴器材，而是那些一群群，不論走到哪裡都會看見，已經一無所有的災民們。「我們是不可以私下給災民錢的。」黃錦益深知，每一個災民都很需要幫助，但個案是救助不完的，如何把真實情況記錄回去才是要途。他放下對那批器材的牽掛，拿起唯一一部片刻不離身的相機，喀擦喀擦地拍攝，把前往勘災的靜思精舍德融師父、德恩師父、基金會王端正副總執行長以及一行慈濟志工，大家一心探視災民的景象全部拍攝下來。

這一次的賑災工作，也是慈濟前所未有的經驗，黃錦益多次前往記錄，看見當地官員逐漸信任慈濟的轉變，從一開始亦步亦趨緊緊跟隨，到逐步放寬距離，一直到一九九二年江蘇興化大愛村落成，當地主動邀請慈濟人去作見證。而那一次，也讓黃錦益永生難忘。

落成典禮當天，黃錦益為了搶在行進的隊伍前拍攝，想從田埂旁已經完成收割、一片平整的田地上抄近路，沒想到突然一腳踩進糞坑。原來這是當地領導為了場面好看，前一天特地請農民在糞坑上都鋪上泥土，卻害苦了黃錦益。「我一腳踩進去、拔出來，臭味是一回事，腳上都爬滿了蛆。」他顧不了那麼多，只專注抓好手中的錄影機，持續拍著慈濟人第一次在海外援建大愛村的歷史鏡頭。

時隔多年，黃錦益笑談糗事，慈暘也津津樂道指出：「當年兩岸情勢緊張、劍拔弩張，這些相片見證我們到大陸賑災時，也向大陸官員表達上人的愛心、表達臺灣人道精神，使得許多大陸同胞們深受感動，在無形中慈濟大愛也化解兩岸的危機。」

一九九三年，上人榮獲「香港中文大學社會科學榮譽博士學位」，上人指派德宣師父出席，代表領受港督頒發的學位證書，慈暘隨行拍攝，並撰寫新聞稿。

當年承受任務，慈暘一則以喜，一則以憂。喜的是上人欽點，最為可貴，備覺榮幸；憂心的是，深怕拍攝技術不佳，新聞稿撰寫得不完美。從香港回臺當日，適逢上人行腳屏東，德宣師父與慈暘兩人隨即歸隊隨師，巧遇《慈濟道侶》半月刊截稿日。不負上人所託，不僅相片取景及清晰度皆好，當夜慈暘趕寫新聞稿，隔日一早如期交稿排版刊登。

慈暘文字、攝影日漸學得純熟，菩薩道侶更是精進不歇，常繞著地球跑；海外慈濟會所初成立，隨行記錄或是參與國際賑災，以文采、以圖、影留下慈濟珍貴歷史，也曾提供給中國時報副刊《慈濟心蓮》、國軍文宣刊物《勝利之光》以及莒光日等外界媒體弘揚慈濟理念。

追隨步履足跡淨心靈

一九九四年道格颱風襲臺，南投仁愛鄉災情慘重，飛山走石、山崩地裂。「祖祖輩輩，世代辛苦耕種梅子的幾分園地，在一夕之間，田地全然不見了！移山倒海般來個乾坤大轉移，清晨起來房門在瀕臨斷崖處。」上人陪同悲慟婦女上山勘災，婦人對著滿目瘡痍的山谷哭泣訴說。

目睹上人慈悲為懷記掛災民，躍過裂縫如鴻溝的山路勘災，步步驚心動魄！上人警語：「驚世災難，要有警世覺悟。」夫妻倆內心發願更要緊緊跟隨上人。

長期以來，黃錦益為慈濟留史，承購最精緻的器材，從不手軟。當年一臺新力（SONY）錄影機，需要兩百多萬臺幣。為了團隊專業，一臺價值千萬的戶外轉播OB車，他大方承購。為了捕捉完整的、高品質的畫面，黃錦益不僅自掏腰包雇請最好的攝影師EFP（多機）來拍攝；為了培養人才，他也不吝出借自己的攝影器材。

黃錦益的器材設備都很精緻，有的小零件就要五萬、十萬，若不小心被弄丟或被弄壞，甚至有時整臺錄影機都被摔壞了。黃錦益非但不生氣，反而是正面思考：「他有心來當志工，生氣又不能解決問題啊！」

「黃錦益是一位比修行人還有修行的人。『有量就有福』，你看，他的孩子每一個都有好因緣。」德宣師父誇讚黃錦益善有善報，更是「富貴學道不難」的典範。

富而智　歷史不留白

大愛電視臺未成立前，慈濟四大志業重要的歷史時刻在黃錦益的掌鏡中一一留下珍貴的畫面。他挪出住家的空間建立完整的「片庫」，隨著慈濟重大活動的增多，「片庫」已容納不下大量的影帶、相片。為此，夫妻倆決定在臺北郊區，多了一分閑靜的天然之處承購一屋，作為專門為慈濟留文史的「工作室」。

過不了多久，這實際坪數有五十坪左右的空間，竟又容納不下日增的影片了。

「一間不夠怎麼辦？」慈暘擔憂起來。微妙的是，不久後就聽說隔壁的房子要出售，夫妻倆不假思索地買下來，如願以償把一間作為剪接室、一間當片庫，整齊有序地保存著。

二〇〇一年的納莉颱風水淹當時租借南港中視辦公大樓於南港的大愛臺，地下四層樓全部泡湯，包括影棚以及片庫。

風災過後，上人從花蓮到臺北，一下火車看到慈暘，神韻安然微笑問說：「我的影帶都沒問題哦！」

「上人安心，安然無恙！」慈暘莞爾回答。

上人微笑點頭，似乎早就了然於胸；「所幸黃錦益過去十幾年來，為慈濟留存的影片，包含歷史性的慶典、衲履足跡、國際賑災的畫面；災後，又拷貝給大愛臺回存，總算重要的歷史沒有留白。」慈暘就好像個孝順的孩子，能為上人盡分孝道，內心感到幾許欣慰。

為傳承　成立映像志工

回首往昔，兩夫妻才剛創業不久，四個孩子最小的也不過幾個月大。特別是慈暘對慈濟的深情，就好像蜜蜂採蜜般黏住了，黃錦益只好「婦唱夫隨」。慈暘的胞妹陳春珍說，黃錦益是公司的負責人，也是客戶最喜歡指定的攝影師。但是只要與慈濟活動撞期，黃錦益就不接案子。甚至有時候與客戶已經約好的業務，兩個人也會臨時「跑掉」。

每趟隨師回來，陳春珍發現姊夫明顯的瘦了一圈，接著又夜以繼日為影像仔細地編號、剪輯，姊姊也一樣不得閒，忙著寫文字、看資料。尤其是後來兩人還合作製作《衲履足跡》節目。「姊夫、姊姊常常通宵達旦，睡眠很少，長期睡眠不足。」經年累月的相處，陳春珍看在眼裡，心中十分不捨。「知道他們身心投入這麼神聖的任務，時日一久，我投降了！上人教育了我；而姊姊和姊夫以行動感動我。」爾後陳春珍不僅受證為委員，並成為懿德媽媽之一。

隨著慈濟志業八大法印逐步拓展，黃錦益及慈暘繁忙的腳步不曾停歇，除了隨師的時間外，三天兩頭搭飛機往返花蓮、臺北。

「一個人吃不了天下米，做不了天下事。」眼見影視志工少之又少，上人體恤黃錦益的辛勞，期望黃錦益要牽徒弟（臺語，意傳承）。

黃錦益也認為，如果流失一段慈濟歷史，自己就是一個罪人。他劍及履及邀請專業人士，自掏講師費、車馬費，積極培訓影視志工。在一九九六年召集成立「慈濟影視映像志工聯誼會」。

身為影視志工，黃錦益時刻關心著團隊。二〇〇二年底，上人慨示，圖、文、影音三結合，才是最完整的文宣。「映聯會」走入歷史，代之而起的「文化三合一」在二〇〇三年成立，是「人文真善美」的前身。

時至今日，黃錦益憶述著上人當年的想法：上人希望志工和大愛臺相輔相成，人文與專業結合。由於志工比較能隨時掌握社區的特色、人物的特點。假使志工能具備專業的領域，至少可以省掉大愛臺三分之一的經費，兩邊結合起來，才能為慈濟歷史留下更完整的史料。

為了完整地記錄文史，黃錦益認為志工要提升專業技巧最好的方法就是整合團隊，由專業人士帶動一組團隊，然後一直複製專業團隊的經驗。他回憶一九九九年九二一地震之後，自己傳授志工拍攝「希望工程」援建學校紀錄片的經驗說：「當時我們第一天上課，隔天演練，第三天外出實作。這樣的方式，學員進步最多。」

「走在最前，做到最後」就是人文真善美志工必備的精神；每次出任務，要比別人早到；活動後，要收拾器材、寫文稿、彙整相片、剪輯……因此，還要有負責的態度和堅持的毅力，才能完備記錄慈濟大藏經，讓文史流芳。黃錦益強調，志工精神面的輔導比什麼都重要。需要透過上人的法，用心體會，才能願力不退，使命必達。

來生最好的不動產

將慈濟人的真實事跡，化剎那為永恆光影，留下美善的年代，彰顯立範於後代。夫妻倆隨師在側二十餘載，展現難能可貴的堅持與毅力，尋問慈暘，行經歲月的隨師記錄工作是否有壓力？

「要及時把握因緣，否則錯過了，求不可得。溫柔的壓力，更值得回味！」那是妙不可言喻的福緣啊！

「如果不做慈濟，現在的您們會怎麼過日子？」「吃喝玩樂過一生吧！」一臉厚實的黃錦益毫不遲疑地回答，因工作上需要常搭直升機，當隆隆引擎聲響，他凝望藍天，難免感觸人生無常。

「過去的思維與作法，不過是徒然消耗生命罷了！投入慈濟，人生沒有白來了。」慈暘補充道：「上人說：『入我門不貧，出我門不富。』雖然沒有飛黃騰達，但是不造惡業，就是來生最好的不動產。」

（文：陳怡伶 臺北報導 二〇一三年六月二十八日）

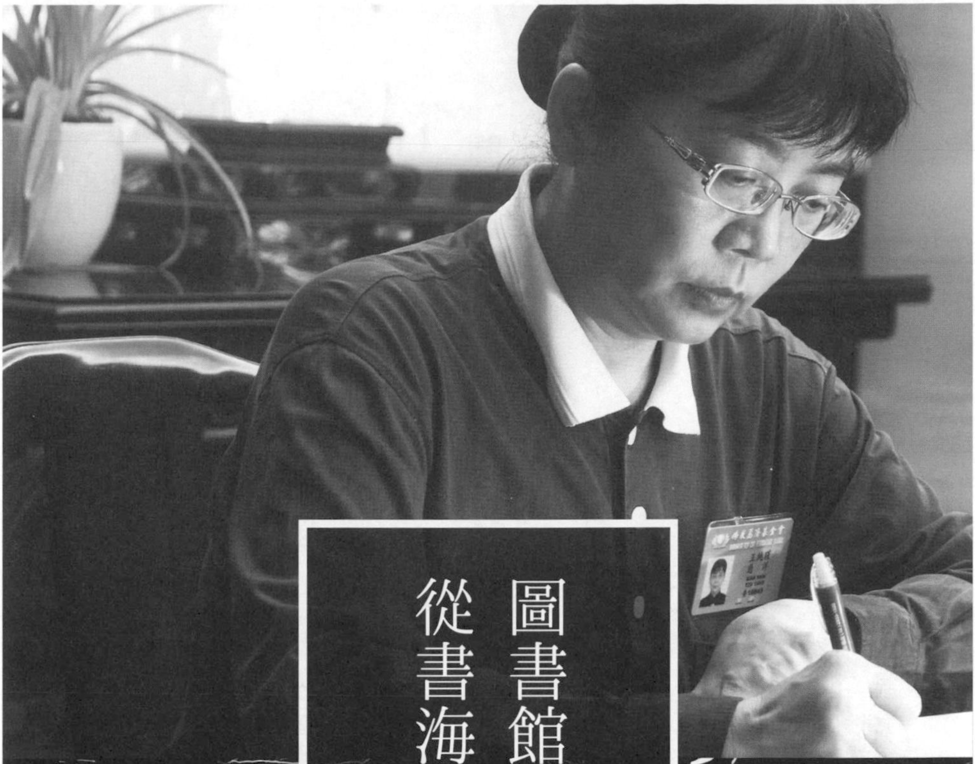

圖書館員
從書海走向人間

真之卷｜王純瑾

（攝影：吳文仁）

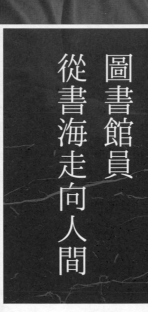

一九六〇年代，電腦與網路尚未普及，報紙是影響大眾最深的平面媒體之一。從國中開始，我最期待閱讀作家彭歌（本名姚朋）在聯合報上執筆的《三三草》專欄。彭歌先生經常在專欄上推介好書，以他本身新聞學與圖書館學的專長，以書評方式把國內外好書引介給廣大讀者，同時也選譯數十本具影響力的英文好書，轉成中文出版，如《人生光明面》《改變歷史的書》……等等，成為民國七〇年代莘莘學子的重要精神糧食。

興趣所趨　潛泳書海

我那時常常以彭歌的推薦為買書指南，總想著，現在看不懂沒關係，或許長大以後就可以看懂了。大學時主修圖書館學，有幸選修姚朋老師的課，得以親聆姚老師教誨，姚老師溫柔敦厚的君子風範，文筆間流露出與人為善的情懷，日後，每當我提筆做紀錄時，常常想起姚老師的文章是如何遣詞用字與用心良苦。

大學畢業後我成為一名圖書館員，整理資訊，為讀者提供資訊服務，於書海中過著平淡的日子，工作、結婚、生子，隨著生命之輪而轉動。直到二〇〇〇年，因為先生工作異動，全家赴美定居，我也辭去心愛的圖書館工作，來到新大陸。初來加州爾灣（Irvine），大兒子石瀚仁準備上高中，經朋友介紹得知慈濟橙縣（Orange County）聯絡處的慈少團體，可以讓孩子結交朋友，適應新環境，我心想這是個好主意，因為在臺灣已經知道慈濟了，遂鼓勵瀚仁參加慈少。

「媽媽，我帶了一袋黃金回來」，有一天，慈少的活動結束，瀚仁一回到家，笑咪咪地對我說。「什麼？你說什麼？」我聽不懂他的意思。「師姑說，垃圾變黃金，所以我帶黃金回來了。」兒子純真的臉龐，閃耀著歡喜的光芒，激發了我，讓我從慈濟門外徘徊觀看，逐漸轉為走入慈濟。

發現慈濟　引人入勝

二〇〇四年五月，我回臺灣參加花蓮本會舉辦的「全省互愛隊組精進研習營」，那是第一次，我首次近距離看到證嚴上人。營隊期間，受到營隊輔導員的關懷照顧，聽了一段又一段資深志工的分享。證嚴上人、志工的生命故事和慈濟人的生活威儀，讓我有了深刻的感觸，原來生活可以這麼豐富，原來生命的價值在美善的人性中彰顯出來時，是這麼地引人入勝。「那麼，這一切的一切是怎麼孕育出來的？慈濟又是怎麼形成的？」我開始去尋找答案，上網查詢資料、閱讀靜思人文出版品、大愛臺、大愛網路電臺，只要講到慈濟過去的歷史，我都津津有味地讀著，跨越時空追尋著慈濟脈動，從竹筒歲月到慈善、醫療、教育、人文等四大志業一一建構完成，每一階段的慈濟人慈濟事，都深深撼動著我的心。

雖然慈濟到目前已經四十七年了，而我加入慈濟不到十年，但這都要感恩文史志工的紀錄，讓我沒有遺漏掉這幾十年的歷史和上人的法。這些吸引人的慈濟故事，讓我想一窺慈濟歷史堂奧，到底是誰在寫的呢？終於，我漸漸發現，每一個人都是人文真善美志工，只要你願意，一定有人來教你，不用在乎是否科班出身，不必考慮年齡與性別，拿起相機，把一剎那化為永恆，用心體會、觀察，寫我所見、寫我所聞。

心靈對話　感受良深

然而，眼高手低是常有的事，經常滿腔的熱情，卻怎麼也寫不出來，或是寫出來卻平淡無味，連自己都不能感動。有一次，我就這個問題請教資深筆耕志工李娉搖，她給了我一個建議：「好好讀《慈濟月刊》」，原來讀《慈濟月刊》不只是看熱鬧，讀讀感人故事，更可以看門道，學學怎麼說故事、寫故事。

二〇〇五年底，我回臺灣花蓮，接受上人祝福，受證為慈濟委員，上人賜我法號「慈洋」，勉勵我「飄洋過海做慈濟，更要學得智慧如海」我深深感恩有幸此生值遇明師，讓我在人文福田中耕耘學習。回想起第一次學習撰寫「人間菩薩」的企畫，我與受訪者交心訪談，輕輕訴說她生命中的苦與樂，內心最沉靜的那一泓水，激起漣漪陣陣，「那幾年，我下課後不敢回家，在街上晃來晃去，我怕見到孩子的東西……」受訪者眼淚串珠似地掉下來，空氣凝結了，在新店慈濟醫院地下一樓，窗外的細雨，輕輕落在樹上，無聲無息，想遞給她一張紙巾，才發現自己眼眶也濕了。受訪者坦然敘述著如何度過那一段艱難的日子時，我已無言語，一幕幕困境，如椎心之刺，讓我感受到受訪者的痛，刻骨銘心的記憶，那是我第一次體會到上人所說：「人傷我痛，人苦我悲。」

二〇一一年八月，美國九一一事件十週年之前，我訪問前美國總會執行長曹迪中（法號：惟宗），請他談談當年代表慈濟向紐約市長朱利安尼（R. Giuliani）致意的點滴，曹惟宗提到當他向朱利安尼轉達上人交代的兩句話：「用善解包容消弭舊業障，用知足感恩勤植好因緣」時，朱利安尼的眼睛亮了起來，我當時聽了心頭一震，原來，上人的法是平凡中的不平凡。

賑災記實　看見生命

參與賑災的人文真善美記錄是難忘經驗。在宏都拉斯，我曾親眼目睹大水肆虐後留下「家徒四壁」的房舍，大人無助的眼神與兒童天真的笑靨形成強烈對比，一份四口之家二週的糧食，災民說省吃儉用可以吃上一個月。二〇一〇年底美國橙縣思維拉多山區發生土石流，橙縣慈濟志工前往協助，一鏟一鏟協助清理淹沒家園的土石，同時發放現值卡，這個因緣，接引當地居民雷斯麗成為英文校對志工。

二〇一二年美國桑迪風災後，紐約長島林登赫斯特的發放現場，當災民從志工分享中，了解發放物資環保毛毯與現值卡，都是慈濟人聚集全球人的愛心所成就的，有人當場捐款回饋，也有人立刻加入志工行列。而紐約史坦頓島的災民，在接近攝氏零度的氣溫中，排隊等候領取物資，長長的隊伍，綿延幾個街區，路旁的住戶，自動準備熱飲，無限制提供排隊者暖身飲用，更有災民在領取物資後，回家收集硬幣，回捐一個滿滿的竹筒。

苦難現場的斷垣殘壁，滿地狼籍，慈濟人進入後，用愛膚慰陪伴，顯揚人性光輝，去除了現代社會中人與人之間的疏離感，激發出合作互助的人類群居天性。做為一個記錄志工，我體會著一個人的生命，如何面對考驗、掙脫困境，我不禁想：「假如是我，我會怎樣做，我可以嗎？」走出圖書館的書本世界，進入慈濟世界，許多紙上描述的生命悲歡離合，活生生躍然眼前，不再紙上談兵，而是親眼見證，讓我開闊視野，親身體會。在每一個有慈濟人足跡的活動中，人性的真與善如珍珠般發出柔和的光芒，人文真善美志工拾綴珍珠，串成珠鍊，成為文史紀錄，在某一天某一時刻，感動著某一個人，某一群人……

（文：王純瑾　美國報導　二〇一四年一月三十一日）

反璞歸真才動人

真之卷

蘇哲民

（攝影：陳淑貞）

剛進慈濟，寫了幾篇社區活動報導文稿，我百思不解，為什麼平日信手拈來，根本不當一回事的文稿寫作，竟然會被一連退了幾次稿！沒退的稿還被修修改改。「實在寫不下手了！」若不是太太一再安慰、鼓勵，以及後來參加了人文通識課程研習，連續上了幾堂課，從講師及同學們的分享中，對於慈濟人文的認知，以及採訪中團隊運作的藝術，終於讓我有所體悟。那次研習後，我的文稿寫作漸漸地受到肯定，登上大藏經的篇數增加了，讓我重拾信心。

因緣來得正是時候

清明前後雨水紛紛，心情也隨之起伏不已，如同修行路上總帶牽絆，讓自己有藉口有理由，前進了兩步卻又倒退了一步，明知已在寶山中，但依然兩手空空。雖然自認為慈濟四大八印已深植心中，但是習性難除，教人不得不深思自省。

求學時代，在學校攝影社當副社長；工作後，在雜誌社當總編，舞文弄墨對我而言易如反掌。既要符合社會期待，我知道風花雪月、華辭麗藻是免不了；為顧及事業營利，推波助瀾、煽情惑眾有時也是一種手段。總而言之，矯情媚俗似乎是難免的事。但二〇一一年的「水懺演繹」，隨著太太走進慈濟世界，終於讓我有了改變。參加每次的共修，或法繹、或手語，在一次次反覆的偈誦中，我猛然悟出，雖然我一心學佛，也努力想從證嚴上人的法中領悟人生真諦，卻總礙於世間雜染，以致積習難返，所以知識歸知識，修行歸修行，表現在慈濟活動報導文稿上，難免流於過多的渲染或鋪張。這與慈濟報「真」導「正」、弘揚「人品典範」的基本訴求南轅北轍，自然就會受到修正。起初看見文稿遭刪減總會面露不悅，每每想放棄，還好太太鼓勵，常藉機灌溉上人法水，讓我去無明，如今還能在人文真善美的團隊中學習，真的要感謝太太的適時激勵。

佛法在日常中　菩薩在人間行

在一次次的活動記錄中，我見識到真正的藏經，其實就在人與人之間，在每件事、每個時間、每個空間中，鋪展而成。記錄社區組隊聯誼會時，梁安順師兄分享他的修學心得：「戒、定、慧」乃開發心中無盡藏的不二法門，先以「戒律」約束身體的行為，再用「禪定」讓心思平靜下來，然後以「智慧觀」斬斷心中的煩惱，以人事的磨練修養心性，實踐「諸惡莫做，眾善奉行，自淨其意，以修正念」。我懺悔自己，光知而不行，或在自我原諒的當下懈怠了。

又記錄彰化慈濟志工每個月一次星期五和星期日在火車站裡，幫忙接送和美實驗學校的身障生，上下火車返鄉敍天倫，無論天候如何，一點也不影響進行。有時火車站候車月臺上，風大得讓人身體都站不穩，更別說身障孩子們，志工們用愛化礙，溫暖孩子的身心，也鋪平了孩子們返鄉、返校的平安路。讓我了解是慈濟人的真與誠，讓這項任務可以持續十年不輟。

二〇一二年的通識課程及社區志工培訓，讓我收穫滿滿，尤其是一次次安排師兄、師姊的心得分享，字字句句嵌入心頭，體悟到「以人為師」，並懂得對境反求諸己，才能勘破因果定論，「感動自己才能感動別人」。漸漸地，我的報導文稿曝光率增加了。

譜寫家庭幸福經

加入慈濟不是看你做很多善事，或做很多慈濟事，而是看平常如何從身口意修十善，把佛法力行於日常生活中，實踐「孝的真諦」和弘揚「孝為人本」的理念。這是我記錄幾場中小學畢業感恩茶會的體會。

志工們精心設計的活動流程，再加上感人的短劇呈現，不只讓在場的同學熱淚盈眶；一句「不問自己問兒健」，也教我久久不能自己，內心激動得流下兩行淚。未入慈濟前，總以為守在父母身邊就是孝順，殊不知言「孝」雖易，而「順」卻難為，而今父母已不在，徒嘆奈何？

在慈濟的人文志工團隊，教我們把別人的父母當成自己的父母般孝順，把別人的孩子當自己的孩子般疼愛，這是以前不曾有過的想法。過去追求名利，讓許多親情如流水般消逝，如今在記錄文稿的當下，學會用大愛的觀念，來彌補空過的遺憾，我找回了家庭的溫馨。

記錄靜思語教學研習課程，從講師的分享中，「孩子是我們人生的貴人」「父母是孩子的模」，讓我心生愧疚。從前家裡像戰場一樣，始作俑者卻是自己，這不就是言教失當，期勉我當及時警醒，避免重蹈覆轍。

在安養院或行動浴佛時，看見老人家臉上的笑容；在燈會期間宣導做環保；在火車站幫忙推輪椅；也在小孩受傷時，看到師兄、師姊來家裡的深深祝福，那些不曾有過的感動，漸漸地拔除了我習氣上的刺，讓我學到知足、善解、感恩與包容，也將自己的感動，化為文字再感動別人。

人人都是一部可貴的大藏經，希望我能恆持初發心，繼續發揮自己所長，把握當下報導人間美善，我也在一路拾寶的過程中，繼續蛻變成長慧命增長。

（文：蘇哲民 彰化報導 二〇一三年十月二十三日）

留美導演 領隊前行

真之卷 | 駱輝堯

（提供：慈濟馬六甲分會）

「是什麼力量，讓自我個性強烈的駱輝堯在慈濟走到現在？」當駱輝堯被問到這句話時，只是笑笑地說：「做慈濟，欲望會越變越少，心無雜念，所以就看得更清楚，知道這就是自己要走的路。」

留功德財　調整人生

「那個片子的架構好像不順？」「那一段影片要怎麼剪？」「影片無法輸出，怎麼辦？」

每一回踏進馬來西亞馬六甲影視組，駱輝堯總是忙個不停；雖然他已在二〇一〇年卸下組長一職，但因為在影視組任職以來，不管錄影、剪接、文稿、器材管理、行政作業，他都瞭若指掌。所以依舊會以「過來人」身分指導同仁。

駱輝堯在二〇〇二年即加入馬六甲影視組，二〇一〇年為了要發展自己事業而離職，二〇一一年又以合約方式接下《大馬慈濟情》製作人一職，就開始不定時來慈濟馬六甲分會影視組「上班」。

問他怎麼會願意接下這項非常任務？駱輝堯不諱言，當年離職後，分會執行長和同仁的挽留和愛的呼喚，但自己始終放不下個人的事業而總是婉拒。直到一天晚上看到證嚴上人開示：「世間財是賺不完，要多累積功德財。」讓他猶如當頭棒喝，當下決定調整人生方向。「不可思議的是第二天，分會執行長林慈恬就來找我談，我便爽快的答應了。」

除了上人的開示，讓駱輝堯動容的，就是每次回到影視組，總有一種回家的感覺，團隊的齊心與同仁們像家人般親切，這和他一個人在外面孤單打拚的感覺很不同，他很喜歡這種感覺。

鏡頭下　找到美善

在影視組任職八年，駱輝堯的影視路並不稱心。當年自美國電影系畢業的他，充滿抱負，希望透過自己的作品可以影響社會，淨化人心，所以選擇了到慈濟上班。

「我第一次拍現場發放時，拍到志工扶著老人下車時，用手護著他頭部的畫面；那種貼心舉動，觸動了我的心，我真的是拍到一個有感覺的畫面。」談起這一段溫馨往事，他微微笑，彷彿歷歷在目。

然而每個月舉辦的發放，流程千篇一律，年輕氣盛的駱輝堯拍了一年之後，便覺得意興闌珊，動起離職的念頭。

「一直拍重複的東西，有點厭倦，就想出去學一些新東西。」就在他起心動念的當下，駱輝堯又被安排到沙巴拍攝原住民孕婦待產的生活動態，當地慈濟人為深山內的孕婦在近郊租了一間房屋，命名為「生命關懷之家」，讓孕婦走出深山待產，以降低難產死亡率。

駱輝堯和另一位同仁，為了要體會她們一路步行的艱辛，扛著攝影器材，隨著一位原住民小朋友走入山區。路程崎嶇曲折，兩個人走得氣喘如牛，又碰上下雨天，更是寸步難移；平常人尚且如此，更何況是臨盆的孕婦呢？

這一趟的拍攝，他發覺到鏡頭底下不只是單純的記錄，更有深刻的美善在流動。「其實，人文真善美就是走入故事主人翁的生命，不像之前拍活動，只是看別人怎麼做。這次自己親身經歷了解，拍出來的東西就會有感覺。」

看見天災　放下口欲

投入影視工作並不只是專業上的成長，駱輝堯更有個性上的突破。二〇〇七年他響應上人呼籲，開始茹素。然而這對於口欲特重的他，可不是那麼容易的事。

「我很喜歡找美食吃，比如街頭巷尾，一般人看不到的角落，我都可以摸索前去一嚐美味。而且我還會去找一些古靈精怪的東西來吃，例如蟲子、小麻雀，都要試一試。」

要他改吃清淡的素食，可真是要了他的命。所以第一次吃素，只維持了半年，他就開始想念炸雞的味道，原本只想試一試，但欲門一開，吃了一個，再也停不了，就破戒了。直到二〇〇八年，緬甸納吉斯風災，駱輝堯被派到當地拍攝。

被風災蹂躪的大地，滿目瘡痍，但駱輝堯拍攝的災民，面對天災，物資極度匱乏，卻能笑容滿臉、樂觀面對，對他來說，不啻是震撼教育。對比自己的物質欲望，擁有的實在太多了，他突然省悟原來生活中斤斤計較的欲念，是多麼微不足道。

「我要追求的太多了。」記錄一場天災，讓他對災民又敬又疼惜，發願重新茹素迴向給他們，而這一次，他無比的堅定：「我記得過年吃團圓飯，滿桌的山珍海味，擺在我面前的卻是兩碟燙青菜，我卻可以自在地吃。」

食欲一旦控制住，他發現連物欲也減低了，生活變得簡單自在。就算是去購物，也只買需要的東西。

以單純心　難行能行

然而，卸下欲望的追逐，生活的考驗依舊不斷。駱輝堯在二〇〇九年同時接任雪隆分會和馬六甲分會影視組組長，當時他看見吉隆坡人文真善美志工在社區發揮成效，認為馬六甲分會會務這麼多，如果單靠同仁是做不完的，一定要結合志工的力量，才能讓歷史點滴不漏，所以和同仁討論後，決定在馬六甲也帶動人文真善美志工。

雖然有心帶動，但駱輝堯缺乏經驗，又不擅長協調工作，很多事情處理不好，自己焦頭爛額，也讓大家產生很多抱怨。但他還是硬著頭皮，把這個任務接下來。最讓他感到沮喪的是，剛開始接任幹事時，他積極在志工聯誼會推動資料收集分享，結果來參加的志工越來越少，大家對「留史」並不關注讓他難過。

現任影視組組長吳曉紅說：「看著聯誼會的人數一次比一次少，他沮喪，但從沒有聽他說不要再擔任幹事。」駱輝堯另有想法：「有承擔就有成長，我（還沒有接手之前）也不知道自己協調做不好，可是承擔職務時，你就會被迫成長。我不能逃避，因為我不可能一個人生活，要和人互動。」

看清自己　快樂收成

二〇一三年九月，人文志業十五週年共修會，駱輝堯又接任這個盛會的協調工作。原本在四月就擬好的節目流程，為了做得更完善，在活動前兩週遭臨時更動，這突如其來的考驗，著實讓他冒了一身冷汗。他臨危受命，戰戰兢兢中，依然全力以赴，重新安排流程，並協調所有人文真善美志工來彩排，還有和各功能組安排會議。「我接到任務，就會直接做，不會想太多負面的東西，就單純一點去處理。」

從二〇〇二年開始任職影視同仁，二〇〇四年接任影視組長，離職後，接下節目製作人和人文真善美幹事，每一個階段都帶給他不同的人生體驗。

是什麼力量讓自我個性強烈的他，走到現在？駱輝堯笑笑說：「做慈濟，欲望會越變越少，心無雜念，所以就看得更清楚，知道這就是自己要走的路。」

（文：吳曉紅 馬來西亞報導 二〇一三年十月十一日）

放空學習 簡單真理

真之卷｜王芳藝

（攝影：顏啟斌）

「片子退了又退，什麼『一百八十度』，我不要做了！」王芳藝賭氣，跟父親王水田耍賴，沒有耐性再繼續製作《人間菩薩》了！

期待畢業後　繼續做慈濟

「你去考一所有慈青的學校。」王芳藝高職畢業要考四技二專時，媽媽特別叮嚀與提醒，她也就照聽照辦。

王芳藝的父母都是慈濟人，早年媽媽加入慈濟時，王芳藝並不了解慈濟到底在做什麼？考上後，她真的去慈青社報到，但也不知道進去要做什麼？

「這所學校慈青社裡的成員很少，我因為常出席參加活動，師姑就叫我當社長，因為有責任在身，我就是會做好！」當社長的一年時間內，王芳藝默默地付出，像是帶動社員做環保、製作海報等，如果有不懂的地方就請教別人；別人交代她去做的事情，她也一定全力以赴完成，但是不會出風頭，只是默默地站在幕後付出。

然而，二年很快就過去了，畢業前，她在想：「我畢業後，這條慈濟路可能就斷了！就只有這二年可以做嗎？」讀書的時候，心很單純，除了上課，其餘時間都在做慈濟，也做得滿心歡喜。但是畢業後就得去工作，不知道還能不能如學生時代稱心地做慈濟？

王芳藝很愛慈濟，很想繼續做，內心默許著：「就像證嚴上人講的一句話：『只要緣深，不怕緣來得遲；只要找到路，就不怕路遙遠。』期望能再次與慈濟結緣。」

參加大學轉學考時，王芳藝如願地繼續參加慈青。為了減輕父母負擔，剛到新學校就利用課餘時間去打工，並沒有去慈青社報到。學期結束，二十二個學分被當了九個學分，差一點點就被退學。後來，她想起當初自己發願要繼續加入慈青做慈濟，於是安分地到慈青社報到。

那時，王芳藝雖然沒有承擔任何幹部，但慈青社裡的學弟、學妹都會找她幫忙承擔領隊或在課程中分享，即使是自己從沒承擔過，她還是不會拒絕他們的好意，協助圓滿。

孝順　從《人間菩薩》開始

雖是插班大學三年級，但是認真孝順的王芳藝，不想多讀一年，增加父母負擔，

「我自己就是拚了，二年順利完成大學學業！」畢業後仍持續參加慈青學長會，並進一步培訓成為慈濟委員。

曾經有一段時間，王芳藝工作並不順利，和媽媽兩人又都經歷過一段病痛的考驗，從鬼門關前走了一遭回來，她感到很幸運。病痛之後，王芳藝深刻感覺：「大難不死，必有後福！」也認為應該要積極付出，加緊腳步做慈濟。

那時候，爸爸王水田正為了製作《人間菩薩》傷透腦筋。王水田年紀已大，對電腦又不內行，便建議女兒王芳藝可以學習製作《人間菩薩》影片，王芳藝也認為應該把握當下，把握生命去做更有意義的事情。

於是，王芳藝開始試寫企畫，剛開始只是參考一份範本，就寫出志工江楊雅淇的故事。那時候特別請一位後製志工教導團隊如何製作。當時，王芳藝都沒上過課，但是企畫是她寫的，她必須去參加共修。

「面向不行、不對，應該要再修改主軸！」被「老師」一說，她不得不隨著團隊一步一步學習，後來也成了臺中梧棲人文真善美的一員。

「江楊雅淇的故事再改再送出去，還是不可以，所以我們就暫時把那部片子放在一邊，先做另外一位志工洪裕成的故事。但是因為師伯訪問鏡頭的畫面不ＯＫ，我就先從聲音開始剪……」團隊裡，大家都沒經驗，受訪者面前有好幾個人走動，主角的視線也一直跟著移動，畫面無法使用，王芳藝就換個方式，暫不剪鏡頭畫面的部分，先整理訪問聲音。

拍攝技術　面臨考驗

好不容易製作二支片子通過了，又面臨另一項大考驗。大愛臺要求攝影技巧、構圖和「一百八十度」原則，也就是拍一組畫面，不能超過主角的一百八十度範圍，這也是一般非專業錄影志工常會犯的毛病，他們常常看到場景就拍，沒有先構圖，所以畫面與畫面會有「斷」的感覺，沒有連戲。這也是初學的王芳藝團隊很不擅長的一項。

當時第三、第四支片子剪好，自己看了覺得滿順暢的，送出去之後被退回來，退一次、二次……王芳藝就跟爸爸說：「什麼『一百八十度』原則，我不想做了。」因為她上班時間原本就長，好不容易熬夜製作的影片又被退回，內心十分受挫。

爸爸一點也不怪王芳藝，反而鼓勵她不要灰心，並疼惜地說：「我試著再去從拍攝的素材裡找看看，能不能有符合的部分，來讓大愛臺看。」爸爸鍥而不捨，每天從晚上做到凌晨，他的動力和堅持，深深感動了王芳藝，「爸爸都以身作則給我看了，我被他的毅力感動，所以覺得應該要跟著他一起做下去。」

無數的夜晚，父女兩人一起討論素材，結構、如何說故事，尤其是寒冷的冬夜，誰不想躲在被窩裡？也因為有他們的堅持及用心，當時社區《人間菩薩》的影片，從原本的掛零，到二〇一三年已經完成了七支片的亮麗成績。

放空學習　做就對了

製作《人間菩薩》對王芳藝父女來說，原是一張白紙，什麼都不會，只因為王水田沒有承擔社區的其他影視工作，而女兒王芳藝是出於想做慈濟和幫父親的心，出發點單純，兩人的心都放空，如海綿般用力地吸收，學得很快。

王芳藝認為：「如果在學習時有太多的執著點，想得太複雜，反而會阻礙學習速度！」面臨大愛臺的品檢影片流程修改，人員更換，審核的人不同，標準自然就不一樣，像「一百八十度」原則就是一個例子。

因為沒有錄影和製作影片的基礎，大愛臺怎麼說，王芳藝和父親就照做。就像媽媽跟她叮嚀一定要去考有慈青的大學是一樣的，她也是不問原因，「去做就對了！」

王芳藝總共製作了七支《人間菩薩》影片，王芳藝發覺每一位慈濟志工都有他們不同的特點，「其中一位師姑是經歷很大的病痛，已經開了第三次刀。訪問當下，看她還是很開心，很坦然面對生死課題，毫無掛礙。」王芳藝從她身上看到也學習到「自在」，以及勇敢面對身體的病痛。看見別人的生命故事，讓她深受震撼及感動。

從進入慈濟到現在已經十四年的王芳藝，將自己做慈濟的生命分為：第一個十年為「慈青」，也是從不會學到會和承擔，第二個十年，她持續為社區製作《人間菩薩》，從無私的付出中，傳承經驗。

王芳藝很清楚，自己做的自己得。「我走人文真善美這條路是對的，一定要去做，而且福報真的是要自己累積，不是求神問卜來的，就是要身體力行。」王芳藝更覺得在人文真善美領域，要能不斷的學習，也是成長慧命最快的功能。「我一定要做下去，做就對了！」

（文：黃子嫺 臺中梧棲報導 二〇一三年十一月十三日）

小鏡頭 攝大千世界

真之卷｜陳榮照

（攝影：李冠華）

「花生油、蔴油、好喫的地瓜……大家緊來買唷……」小貨車穿梭於街頭巷弄，兜賣著新鮮的農產品，開車的主人是陳榮照，一臉的純樸與憨厚，是一位名符其實的農家子弟。

然而，誰也沒有想到，一位對攝影技術一竅不通，不懂電腦，整日開著小貨車擺攤的鄉下孩子，到後來不只會拍照，還會寫圖說，並將照片整理得有條不紊，甚至承擔起大型勤務派班工作，他是怎麼辦到的？

寫圖說　沒什麼好怕的！

「拍紙條？有沒有問題呀？」一位新進攝影志工看到陳榮照拿著便條紙，遞給臺上演繹的人員，拜託他們寫下姓名，然後一一拍照而心感納悶：「他為什麼要拍紙條？」

原來，在大型活動裡，認人不容易，有故事的主角，拍完了照，可能一晃眼就不見了，為了寫圖說要再追回照片中主角，常已經事過境遷，不得而知。

陳榮照不只遞給他們紙條，請他們寫上大名，並擺出親切的笑臉，問了幾個問題，接回紙條，他舉起手上的相機，對著紙條「喀擦」一聲，拍下了照片，其他的志工也依他的方式跟進。

紙條是他寫圖說的一項厲害小道具，寫下被拍者的名字及小故事，拍照「存證」；這樣，才不會誤植人名，也提供使用照片者一些訊息，可以發掘出更深入的感人故事。「紙條」最後成為他拍照的招牌。寫圖說一點都難不倒他。

除了隨身攜帶紙條以外，陳榮照拍團體照還有自己的訣竅。通常在大活動裡要拍團體照時，組別多，耗時長；為使被拍者能專心，他特別製作了一把團扇小道具，一邊揮舞著團扇，吸引被拍者注意；扇子的其中一面寫著「看這裡」，還畫著兩顆大眼睛，逗得大家哈哈大笑，當大家發出燦爛的笑容時，再「喀擦」一聲拍下；然後翻到另一面，寫著「再一次」，點點雙手大拇指，「謝謝大家配合！」換下一組，順利又流暢。

陳榮照說：「圖像的目的就是要給人看，要給人看就是要整理，要撿（挑照片）過，有撿就會進步，還要寫圖說，才能從菩薩的生命故事中體會人生的道理，這就是一種學習。」

拍了近萬張　可用的寥寥無幾

陳榮照是臺中龍井的人文真善美圖像志工、靠海的臺中港區，多數人務農，要找出幾位來參加文謅謅的人文真善美，好像是一項艱巨的任務。因此，當年在弟弟陳榮忠承擔人文真善美的邀約下，加入團隊，學習攝影。但對電腦一竅不通、對攝影也是完全沒有概念的他，二〇〇四年參加在彰化靜思堂舉辦的人文真善美通識課程以後，才真正投入這項志工的行列。

剛開始，跟小兒子學開資料夾整理照片是陳榮照學電腦的開端，強學硬記，雖然不擅長注音輸入法，不過現代科技進步，買個手寫板，問題就解決了。不斷地擴充設備，為的就是要在短時間內趕緊學會電腦操作。

不過，要做的事還不只這些，除了自己要出班，也要找人出勤務、催照片、整理照片、寫圖說、隨時提供其他功能組所需的資料。他常自娛好像自己是打雜者，卻又像是一位秘書。

就這樣，他以一部傳統裝底片的傻瓜相機摸索學習，在將近八個多月的時間裡，拍下近數千張照片，每次繳出去，被挑上可以用的都是個位數。最後，留在身邊的那一疊疊學習經驗的腳印，讓他提醒自己非成長不可。

他不氣餒，開始藉由看別人拍的構圖，模仿、觀察，不錯過每一次的基礎課程或模擬海報、人文看板內的照片，觀察人家是怎麼拍的？

發願拍好照片　助緣圓滿他

每個月的圖像共修課程，是陳榮照絕不缺席的充電時刻。認真地從其他人文真善美志工身上學習專業領域，尤其圖像組的簡宏正對他影響最大。

簡宏正循序漸進的在課堂上引導學員寫圖說的要點，並教導他們要隨身攜帶紙條，寫下被拍攝者的大名，甚且簡單寫下他的一點小故事或演講內容，都有助於圖說的撰寫。

陳榮照說：「當時間急迫時，總會有打字快手的龍天護法適時出現，幫我完成。因此，寫圖說沒什麼好怕的！」

為了能拍下更好的照片品質，他發願要買一臺數位相機。然而，他做的是小型的農產品生意，每天固定開著小貨車，裝著各式各樣的蔴油、花生油、醬瓜、地瓜……

四處兜售的小攤販生意，收入扣除本錢後，所剩也只是生活所需，要買一臺有高畫素的數位相機可能要省下幾個月的家用費，對他來說是一項挑戰。

奇妙的是，當他有了這個願力後，突然間在過年後的二月份，生意出奇地好，前半個月就已經賣了超出每個月的正常收入，整個月下來，他的盈餘除了正常家用，足足夠他買一臺心想事成的數位相機。所以他常跟人家分享說：「這臺相機是菩薩送給我的！」

縮小自己　提攜後進不藏私

有一次，他回花蓮參加營隊，聽到證嚴上人開示說的一句話：「一眼觀時千眼觀，千眼觀時一眼觀。」讓他覺得身為一個攝影志工，從一個小小的鏡頭裡，攝取大千世界，記錄世間善事，廣為流傳千古，然而一張經典的照片，在千眼觀時，身為一個記錄者的風範應該是更要縮小自己。

有了這樣的理念，他更用心學習，更謙卑地帶領新進志工學習。二〇一三年，清水靜思堂繼臺中靜思堂一週後也舉辦了「七月吉祥月歌仔戲」，和《父母恩重難報經》經典演繹，身為窗口，陳榮照要讓每一個社區的攝影志工有學習大型活動出勤的機會，派班時，他安排一位有經驗者帶領一位新進者，一方面可以把握需要的畫面不至於漏失，另一方面讓新進者跟著學習。

他說：「辦活動的目的就是要『菩薩招生』，我是雙管齊下，讓任務完成，也可以讓攝影志工有成就感和責任心，他們將來回到社區，碰到大型活動時，就懂得規畫而不至於慌張。」

陳榮照希望每一位志工透過出勤活動而能有所成長，「慈濟真的很美，美在哪裡？美在不藏私。」他以這種心來陪伴社區新進來的菩薩，示範拍照構圖、提醒站的位置與角度、一起挑照片、鼓勵出勤務，希望他們的專業和慧命也能同時並進提升。「一個人棒不算數，要大家棒才是真正的好，這樣才能完整地記錄每一次活動的歷史與大藏經。」

以事啟理　感恩付出擔使命

將近十年的磨練，他也學習到圖像資料的歸檔整理。從二〇〇八年開始，他將社區擴編前後的所有資料都保存得很完整，同樣的資料每個月做成三片光碟，異地而放，以免萬一丟失了，仍然有備份留存。除此之外，他每個月也會做出一份出勤報告，作為出勤資料追蹤參考，如此一旦哪一天窗口異動時，資料都能保存，因為他不希望整個資料在他的身上遺失，成為漏失慈濟歷史的罪人。

每次在整理資料的時候，他都非常感恩被他拍的菩薩們，因為有他們付出的身影，才能成就整個活動。這也是他個人對於做人文真善美的使命感。

簡宏正曾送他三個字：「靜、淨、境。」就是心要靜，鏡頭要乾淨，構圖好也是關鍵。陳榮照也拿他來做為個人修心的準則，當境界來時，能夠靜心來，心中清淨，才能看出事相，藉事練心，簡宏正曾經跟他分享道：「風來疏竹，風過而竹不留聲，事情來了以本性應對，事情去了，心隨空。」讓他有時內心的起伏頓時煙消雲散，是繼續往前走的善知識。

二〇〇五年受證，法號「性照」的陳榮照，常常爽朗地笑說自己好像是「註定要來拍照的」，而「榮照」的諧音像「攏照」，類似為臺語的「全都照」之意。他希望按下快門的張張照片可以讓人感動，廣為度人，而「當別人有需要的時候，能即時付出的人是最幸福的人。」他要當那位時時付出的人。

每天，小貨車仍然沿著固定的路線叫賣，駕車的主人陳榮照不改其務實的生活步調，簡單的心就如同他做慈濟一樣，一步一腳印地學習與成長。

（文：蔡素美 臺中報導 二〇一三年十月二十五日）

投入人群 做不喊停

真之卷｜陳忠華

（攝影：謝惟紹）

「阿公，你有歡喜嗎？」慈濟志工彎著腰，對坐輪椅白髮蒼蒼的阿公柔聲詢問著。「有！有！」阿公連忙點了好幾下頭回應著，而站在一旁的慈少，兩手不間斷捏捏阿公的肩膀，讓他舒服點。

站在他們後方一米外的圖像志工陳忠華，彎著腰，瞇著左眼，左手微調焦距後，右指趕緊按下相機按鍵，來捕捉這人性真善美的瞬間。

這樣的場景時常出現在忠華所拍攝的相片裡，「我參加過幾次慈少課程安養院的訪視，經常看到小朋友嫩嫩的小手，去膚慰那充滿皺紋的老先生或是老太太的手，那畫面在拍下來之後，看了就是非常感動！會覺得這是一個很好的生命教育。」

希望將人性的溫情面及人與人之間付出無所求的感動，透過照片讓社會大眾了解慈濟在做什麼，進而啟發善念來投入慈濟志業，這是他加入圖像志工四年來，無論是例行性活動，亦或是下班前臨時接獲通知的活動，他都二話不說馬上答應的原因。

耳濡目染　行善成習

出生於新北市五股區的陳忠華，家裡務農，父親更兼職當了幾十年無給職的鄰長。

忠華回憶起父親的身影，「颱風下雨或水溝淹水都會有人跟鄰長講，那也沒什麼預算，就是自己拿著鋤頭、工具去疏溝，越是颱風越是需要出門。」

媽媽總會說：「颱風天你還出門？萬一有什麼危險怎麼辦？」雖然母親總會叨念父親，但父親認為該做的事就去做，母親講歸講，父親每一次還是都會出門。從小耳濡目染父親付出無所求的精神，潛移默化影響了他日後將行善視為理所當然，而終將成為習慣。

溫文儒雅的忠華，身為家中的么子，上有二位姊姊及三位哥哥，從小備受家人呵護。從幼稚園開始，母親凡事都替他設想、準備好，忠華完全不用自己動手、自己規畫，也不知該如何去照顧人。一九八四年與江明貞結為夫妻，育有二女一男，妻子有時會抱怨他，在工作之外，他都不會照顧人。

人生順遂的他，直到一九九七年搬遷到新成立的大樓，前後擔任八年社區無給職的大樓管委會主任委員期間，從電梯保養、保全人員管理、大樓建物損毀維修等，還曾呈送陳情書和抗議書去鄉公所質詢，也處理過住戶諸多抱怨及違規事項。這當中為了建立社區資料，讓讀工科的他不得不主動學習電腦軟體操作，並做財務分析與管理，祈求社區大樓的永續經營。

每每在公司忙碌一整天後，坐下來處理社區事務往往都忙到夜深，讓當時的父親及妻子抱怨：「怎麼沒完沒了，晚上這麼晚還沒睡覺！」雖然累，但忠華認為這是他在上班賺錢之外，能為社會所做的實質回饋。在做的當中，也讓他體悟要用「付出無所求的心態」才能無怨無悔地付出。

上街勸募　認同培訓

由於妻子在二〇〇三年開始參與慈濟活動，回家會談起慈濟的社區志工活動，讓忠華會忍不住問她說：「什麼叫做社區志工啊？社區志工是不是像我們做這個大樓管理委員會這樣？」後來當慈濟辦活動時，妻子總會邀請忠華幫忙搬桌椅、架設投影機或幫忙拍照之類的，漸漸地他明瞭社區志工所做的事包羅萬象。

其中讓他印象深刻的是二〇〇四年南亞大海嘯時，他拿著勸募箱去勸募，計程車司機一投就是五百、一千，等同於他們一天所賺薪資，讓他心中非常感動，也漸漸認同慈濟理念而參與培訓，於二〇一一年初受證慈誠。

因工作關係，忠華在國外出差時會隨手拍照，有人也會請他去拍活動記錄，讓他對照相產生濃厚興趣，加入慈濟後，他自然而然的進入人文真善美功能組，承擔起圖像志工。

剛開始時參與慈濟活動回家後看照片，他自己都會笑，因為十張照片選不到一張可以用的。他常自嘲說：「在外面拍風景，覺得還可以，可是來這邊拍人文及動態活動完全不一樣，而且發現自己拍的很差。」通常是人與人的眼神及互動沒拍到，亦或是照片裡沒有故事性。

精益求精　陪伴新芽

從一次次的出班中，忠華慢慢修正拍照的態度，先構圖，再選拍，不濫拍，凡事盡心，細心，追求完美，用心留下值得的畫面。

為了提升自己的攝影技巧及對美學的觀感，不斷地自購書籍與觀摩他人的作品；也為了加強照片平穩性，知道自己左手力量比較差的他，會在家手握二公斤的大理石圓球，來提升左手的穩定性力量。

不只自己精進，更常將新芽志工所拍攝的照片，仔細的研究觀看，以便新芽提問

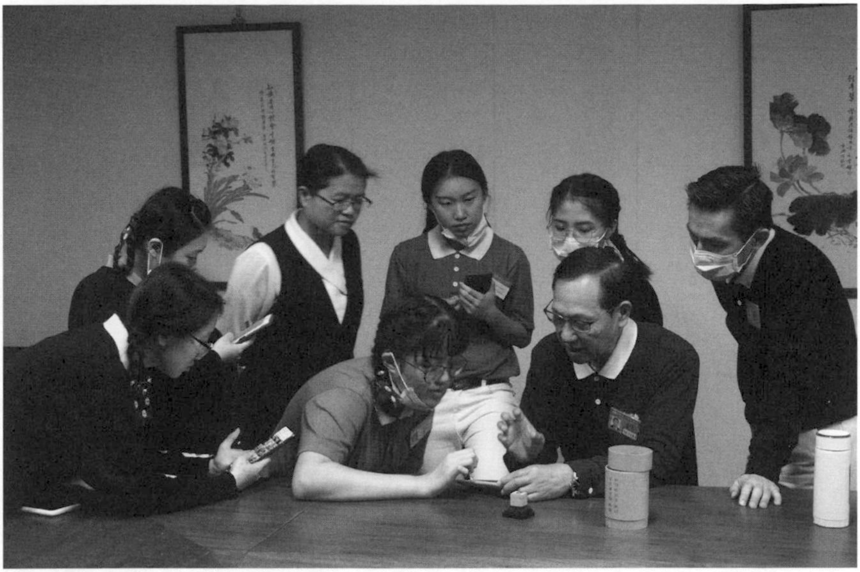

陳忠華（坐者右一） 攝影：廖世淙

時，給予中肯的指導、建議；除了攝影技術的分享，更分享慈濟的人文觀念，例如：要先把自己的家庭照顧好，才能做慈濟。

除了拍照之外，不論是三重志業園區鋪設連鎖磚、社區定點做環保、醫院志工等，處處都有忠華用心在每個當下的足跡。因為擔任攝影志工，讓他更深入了解慈濟志業的推廣及慈濟人是如何投入工作；也透過親身參與，讓他更有信心地說：「我如果要跟人家介紹慈濟，我可以比一般同樣參加慈濟三、四年的師兄，可能會介紹的更廣、更深入。」

比起從前在社區大樓當管理主任委

員，與少數人一起服務的忠華，加入慈濟這個大團體後，他了解行善或服務，在團體的組織規畫執行下，會更有效率，俗語說：「一滴水唯有投入大海才永不乾涸。」今年即將從職場退休的忠華，語帶肯定的說：「我會一直做人文真善美，不只現在做，未來也會繼續做下去！」

（文：張素玉　新北市三重報導　二〇一三年十月十四日）

邊走邊學　成就共善

善之卷

佛法相伴 造真善美

善之卷｜曾欽瑞

（攝影：林炎煌）

「了解佛法，寫出的文稿才有法味。」曾任中區筆耕隊「隊長」的曾欽瑞，早期為了廣招志工承擔紀錄工作，不僅帶動經典導讀，啟發筆耕志工為慈濟記錄大藏經的使命感。他更發想編輯一本《筆耕隊寫作範本》，帶動一群非專業志工，「從不會寫到會寫」，進而成為中區一批優秀寫作團隊。

「讀經」與「行經」 修行妙法

曾任職於水利局三十六年的曾欽瑞，一九八三年因罹患肝病而住院治療，住院期間無意中看到一本菩提長青出版的《佛教旬刊》上一段法華經的經文：「諸佛世尊，唯以一大事因緣故，出現於世……」讓身受病痛的他開始有了想「學佛」的念頭。

有一年，住在屏東老家的母親生了一場病，醫生一直找不到病源，曾欽瑞有了學佛的根基，便發願為母親茹素三個月，希望菩薩保佑媽媽早日康復；沒想到一顆真誠的孝心，卻因吃素因緣而讓他的肝病病情改善很多，從此素食將近二十年。

爾後，在同事引度下，他皈依了佛教界長老印順導師，從研讀導師的著作《妙雲集》開始深入經典，數十年來培養了讀經的習慣。一九八八年證嚴上人在臺中分會開示《四十二章經》，他和同事前往聆聽，上人在開示中提到：「人格成，佛格就成。」讓他極為受用，且備受震撼。從此他更確定學佛不只「讀經」，更要「行經」，在人群中付出才能真實修行。於是一九八九年在慈濟委員郭淑子接引下參加慈濟活動，一九九〇年與妻子莊雪同時受證為慈濟委員。

他相信佛經所言，「升天或做人，由己不由他。」亦如上人開示言：「未成佛前，先結好人緣。」曾欽瑞覺得在人群中藉事練心，是最好的修行方法。

筆耕隊長擔重責　灌注佛法潤心田

一九八九年慈濟成立全臺「慈訊隊」，就是透過各地志工記錄社區活動訊息及美善故事的團隊。當年，許多慈濟委員都有「甘願拿『大筆』（臺語：鍋鏟），也不想拿『小筆』」的心態，曾欽瑞是由資深委員劉阿照推薦承擔中區筆耕隊隊長。

雖然曾欽瑞對寫作完全外行，但為了帶動一群志工寫稿，他到書局購買新聞撰寫專業書籍，自我充實採訪及撰稿能力，並與一群學校老師如林秀芳、紀香鈴、沈金燕、吳惠貞等人編輯一冊《筆耕隊寫作範本》，從導言、內容、結尾等，共有十四種文稿範例，增加志工對寫作的信心。

筆耕隊每週六定期共修，大家圍坐在一起，透過文稿賞析中，讓撰文者分享參與活動或人物採訪的感想。曾欽瑞對每位撰文者總是讚賞有加，並傾聽大家在生活上的疑惑及寫作上的困頓，他會提供建議及解決的方向，因而許多人尊稱他為「曾爸」或「隊長」。於是，每週六的共修成為筆耕隊成員互相鼓勵切磋與感恩的時刻。他的妻子莊雪更扮演慈母的角色，在幕後為大家準備點心茶水，默默地陪伴法親精進成長。

「了解佛法，寫的文稿才有法味。」這是曾欽瑞對中區筆耕隊成員的期許。他認為宗教團體的文章不同於一般新聞雜誌，關鍵在於文中是否有法。面對程度不同又進進退退的隊員，曾欽瑞覺得應該要以法入心，啟發人人的使命感，才能用心投入筆耕記錄工作。

於是在每次共修中，他會特別安排一小時導讀上人《三十七道品》《四十二章經》《佛遺教經》與《證嚴法師說故事》等書，讓大家浸潤在法水中。當時也有人因為參加共修而加入筆耕隊，至今讀經的法喜仍留在諸多筆耕志工腦海中。

文稿如記流水帳　勤寫補拙擔使命

筆耕隊成員本就少，多數志工對拿「筆」寫文章，心中有障礙，他們寧可挑選拿鍋鏟炒菜來得踏實，即使提筆寫出來的文稿，也如流水帳般「什麼都記，卻沒重點」。

一九九〇年上人行腳臺中分會，與中區筆耕隊成員座談，期勉人人發揮文字般若的功能，「慈濟文章不在華麗的詞藻，重要的是要真實把慈濟長情大愛事蹟如實記錄下來。」

當時慈濟文化中心副執行長王端正也隨師到臺中分會，為筆耕隊成員指導寫作原則——記錄要如何找重點、文稿內容的取捨等，雖然文章經王副總的指點後，有許多改善空間，但是成員們對寫作的熱誠，在上人的鼓勵下，更堅定了為慈濟記錄歷史的使命。

為了提振大家用心寫作的信心，在臺中分會一樓布置一處「筆耕園地」專欄，由當時尚未出家的德懋法師設計。曾欽瑞及筆耕隊員挑選當月文稿及照片，打字排版後貼在專欄，精采的活動足跡，圖文並茂，吸引許多來到臺中分會的人佇足閱覽。有一次，上人行腳到臺中分會時，還曾讚賞「臺中分會牆壁會說話」。筆耕志工得到上人的肯定，更用心布置專欄園地，也成為當年臺中分會的特色之一。

一九九七年中區功能組整編，將筆耕隊、攝影組、美工組，整合成立文宣組，由筆耕隊成員林珮華接任組長，江美芳、尤麗卿擔任副組長，讓人文志工提升電腦編輯彙整的功能。回顧當初帶動中區筆耕隊的過程，曾欽瑞謙虛認為，只是抱持「用心待人、以誠領眾」的心，陪伴大家。

二十幾年來，中區人文志工歷經筆耕隊、文宣組、人文真善美志工的沿革，他們為完成記錄作品日夜付出，許多人從「青絲變白髮」，無怨無悔投入記錄慈濟歷史的工作，曾欽瑞看在眼裡，感動在心底，更樂見中區人文真善美志工團隊更加堅強茁壯，接棒承擔記錄慈濟大藏經的重責大任。

（文：黃玉櫻 臺中報導 二〇一三年十一月八日）

從大廚到大柱的安穩靠山

善之卷

蔡謀誠

（攝影：廖素梅）

一棟華廈中的十樓屋子裡，傳來鏗鏗鏘鏘、刷刷洗洗的聲響，一位近一百八十公分、身材壯碩的中年男子，正在廚房裡準備晚餐。

「因為師姊在上課啊，小孩回來要吃飯，要趕快煮。」蔡謀誠一邊洗鍋子，一邊回應著。他拿著鍋鏟，身手俐落地在鍋中快速翻炒，儼然像是家裡的「女煮人」。

「小孩子都說——我煮的菜比媽媽煮的還好吃！」蔡謀誠提起家裡的一則笑話，結婚時太太邱碧玲第一次下廚，瓠瓜沒削皮就丟下去煮，上桌時，讓全家人瞪大了眼！因為種種因素，直到現在，廚房還是由他掌廚！

青出於藍　學生拿金牌

蔡謀誠於一九九八年投入慈濟志工行列，當時因組內的需要，他開始運用電腦專長，協助教聯會和組內的檔案製作，建置檔案的公板格式與手冊，提供慈濟志工參考。

二〇〇二年，蔡謀誠成為中區文宣組的窗口，協助中區各項勤務的派班。後來因應志業發展，文宣組改為「人文三合一」，進而改名為「人文真善美」，蔡謀誠承擔中區人文真善美幹事窗口至今。

事實上，蔡謀誠在參加慈濟以前，就已經有自己亮麗的舞臺。擁有中華大學土木所營建組碩士學歷，是行政院勞委會職訓局中區職業訓練中心任教的專任講師。

「考不上高中、高職的學生，他們在外遊蕩，教育部為了要把這些學生召回來，開了一個技職延教班，來這個班的學生都是不願意讀書的。」蔡謀誠解釋著。

不愛念書的學生，往往需要耐心和愛心引導。蔡謀誠就從實際操作下手，讓他們從實習課中學到營建和建築砌磚的技能。

因為九二一地震的因緣，蔡謀誠寫一個簽呈，讓學生從十月到十一月的一個月裡面，剛好能夠從一個完全沒有的平地，到最後把整個房子蓋起來！

在蔡謀誠的帶領下，這個班級實地參與臺中戰基處大愛屋的興建，原本在營建工程中，像是紙上談兵的電腦繪圖，轉眼間，看到房屋從地起的踏實！短短一個月內，三十位學生和慈濟志工一起蓋了一百二十間大愛屋，不僅讓學生透過實做學習到營建和建築砌磚工程如何進行，也讓他們發揮了助人的良能。

回首教職生涯中，最讓蔡謀誠感到欣慰的是，他所教的學生當中，有一位粘錦成，原本是父母、師長眼中不愛念書的孩子，經過他的耐心指導，一九九三年在國際競賽──「國際技能競賽砌磚職類」拿下金牌，獲得世界冠軍！

從放牛班的學生，到奪得世界冠軍，更進一步榮獲十大傑出青年，粘錦成將自己的經驗毫不保留地傳授給他的學生；他的努力教學，也讓他的學生林士豪替臺灣奪下第二座世界冠軍！

在電視螢光幕裡，蔡謀誠和學生並肩而站，一起接受媒體採訪。粘錦成表示，這一切都要歸功於蔡謀誠老師的用心教導，不放棄任何一個孩子，有教無類的愛。看到學生青出於藍，他笑得好燦爛。

自己的孩子教不來

然而，即便是從事教育的老師，擁有專業能力的人，蔡謀誠跟任教於知名私立女中英文老師的太太邱碧玲，在面對自己孩子的叛逆期問題，也會束手無策，迷失在求神問卜當中。

「人如果在迷茫的時候，即使水中的一根稻草，都會想要把它抓起來！所以，人家報什麼我就去。聽說，拿秤錘放在孩子的床下，給孩子壓心，孩子的心就會拉回來，我也照做；什麼方法我都試過，可是，試到最後，孩子不但沒有變好，反而變本加厲。」邱碧玲嘆息地說。

「因為師姊為兒子在煩惱，去求神問卜、去拜拜、抽籤，去做很多很多的事情，反正，她講什麼，我就陪她去。做到最後，覺得也沒什麼作用！」蔡謀誠無奈地說，一直想不透，為什麼自己的孩子會教不來？明明都是用同樣的方法在教呀？

兒子的叛逆期持續了幾年，直到在慈濟一場演講當中，夫妻倆聽到證嚴上人的法語——「如果用媽媽的心，去關懷別人的孩子，你一定有辦法用智慧去教自己的孩子。」二人如獲至寶，細細體會這句話的箇中真義……他們開始把很多的心思，從自己孩子身上轉移到其他的小朋友身上，去協助更多需要幫助的人。

當父母願意改變，孩子也跟著改變。如今，大兒子蔡依恆肯定父母的改變，他覺得加入慈濟之後，爸爸媽媽改變很大。「以前很難去體會爸爸為什麼會那麼容易生氣，那樣的不開心？後來才知道，都是因為來自於對我們的煩惱。當他跟著媽媽加入慈濟之後，會慢慢去表達他的情緒，我才漸漸明白，爸爸其實是一個『面惡心善』的人。」

面惡心善的阿修羅

原來，蔡謀誠大學畢業、退伍後，曾在交通部、經濟部、內政部服務三十多年，因承擔高級主管，本來就不好的脾氣，不但沒有收斂，更加頤指氣使。

「講到蔡師兄，大概人文真善美的志工，沒有人沒被他兇過！」說話也很有個性的慈濟志工劉紫涵回憶說：「我有一次去花蓮參加人文營，就被他兇過二次，當下，我就不想再待下去了！可是，第二天吃早餐的時候，沒想到，蔡師兄竟然拿了早餐給我，我就覺得，原來他也滿貼心的。」

邱碧玲笑著說：「因為很多師兄師姊都被我家師兄兇過，我常常要幫他善後，解釋他雖然是大聲公，脾氣固執，但面惡心善，侍奉雙親非常孝順，而且對家庭很有責任感。」

「其實，他在五十歲進入慈濟文宣組，受到上人的法語浸潤，以及慈濟十戒——『聲色柔和』的自我約束後，這十幾年來，孩子已明顯地感受到爸爸的改變，親子關係變得圓融了。」

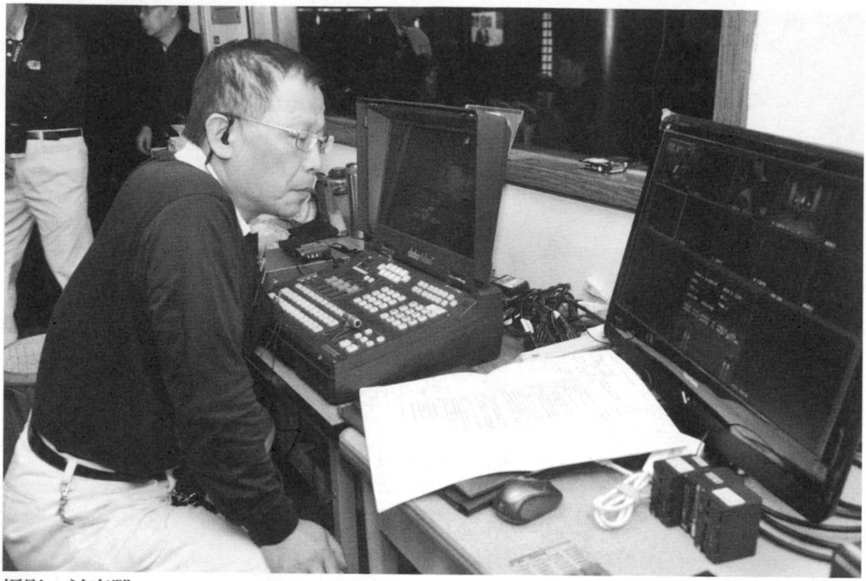
攝影：曾東勝

中區人文真善美的支柱

入慈濟十五年來，蔡謀誠雖然白髮增生，仍時常看他坐在臺中分會文史室的電腦桌前，在鍵盤上敲敲打打。見他熟練地將志工拍好的帶子轉拷到硬碟，再按照長度過成ＤＶ帶，還得將所有檔案燒成ＤＶＤ，這份工作耗費心力，不算輕鬆，一做就要好幾個鐘頭。

在許多聯誼活動或大型營隊裡，也常見蔡謀誠周旋在很多功能組間，李惠瑩曾說過：「蔡師兄是我的電腦老師，只要有他在，一切都會搞定，許多重要的視訊場合，有他在，會讓人感到安心。」

「他是甘願做，也是興趣，跟他結婚三十年來，覺得他的個性就是這樣，一投入，就全心全意。」邱碧玲說。

因為做慈濟，蔡謀誠心裡踏實，脾氣也在改。雖然偶爾還會「大聲公」，但是，他會自覺，也會反省。他不只是家裡會做泡菜的「大廚」，也是中區人文真善美的「支柱」；是家人，也是人文志工安穩的靠山。

（文：林瑋馨 臺中報導 二〇一四年一月三十日）

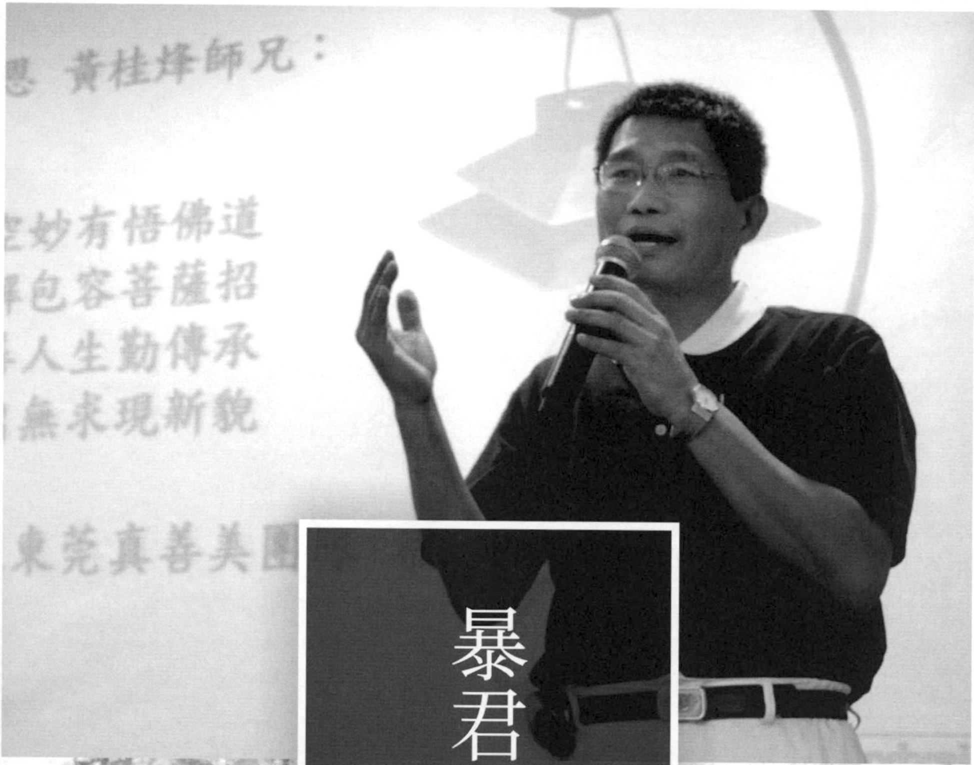
黃桂烽師兄：
妙有悟佛道
包容菩薩招
人生勤傳承
無求現新貌
東莞真善美

暴君也有愛

善之卷 | 黃桂烽

（攝影：楊明恭）

「如果有人要學習人文三合一，我一定全心全意的陪同。一直到把他教會，並且可以獨力出班。我還可以提供我的錄影機讓他使用，錄影機用壞了，我不會心疼……」黃桂烽分享著他在大陸東莞時，培育新發意菩薩的心路歷程。

一九九九年隻身在大陸東莞工廠上班的黃桂烽，因為要管理整個工廠的大陸員工，所以需要採取以暴制暴的高壓統治管理，同事都在背後稱呼不苟言笑的他是「瘋狗」。每天就是罵人、工作，待在工廠哪裡都不去，生活非常的孤單乏味。直到二○○八年他的好同學黃建孝向他募款募心，邀約他成為慈濟的會員後，從此改變了他的人生。

慈悲關懷　開啟智慧

當時大陸東莞的本地志工都很發心，求知欲也很強，在資深幹部用心的帶動之下，讀書會辦得非常熱絡。黃桂烽參加讀書會時，第一本書研讀的是證嚴上人的《衲履足跡》。

「您還有很大的進步空間，我很期待您下一次的導讀。」剛開始被授命導讀時，黃桂烽緊張到完全不知所云。東莞的第一顆慈濟種子薛明仁蒞臨指導，會後薛明仁拍拍他的肩膀鼓勵。薛明仁的分享，令人法繹入心，感動在場的所有人，也讓黃桂烽印象深刻。

有了薛明仁的鼓勵後，黃桂烽每天都專注的讀書，接下來一連承擔了十多次的導讀，每天接觸上人的法，對慈濟也有更深的了解，更棒的是在不知不覺中將二十多年的「菸癮」戒除。

人人三合一　承擔流史重責

在大陸幅員廣大，本土志工人數又少。一趟的「貴州助學」需要四天，人文真善美最少要出班四組人員。在有限的人員編制之下，資深志工就希望人人都是「人文三合一」多功能的承擔志業。

剛進來時什麼都不清楚、不明白，不會電腦、打字、E-MAIL、上傳資料、傳簡訊、PPT……為了留史做紀錄，黃桂烽慢慢在當地學習人文的理念、機器操作、電腦等相關學習。

黃桂烽從完全不會學到會，錄影、剪接、拍照一路學到專精，越投入越感動，熱忱越提升，尤其是深刻明白人文真善美的使命是「為慈濟寫歷史，為時代做見證」後，幹部們達成共識，為了落實人人都可以做人文真善美，打破了以往的模式，讓初投入慈濟的社區志工，一進來就先培養人文三合一的專業。

因此，就由志工劉淑瓊與黃桂烽對新進的志工一一訪談，並採取專人陪同，進行一對一教導。一個人文課程通常有五十多人參加，教學內容從強化心念及使命感著手，激發大家的熱情，並由許多的志工主動提供錄影等器材設備，以供出班時使用，因此大家都很樂於承擔。

二〇〇九年黃桂烽承擔人文真善美功能組總窗口時，負責三合一的統籌規畫。常常要整合來自深圳、蘇州、廣州、南寧、臺灣等地的人文真善美志工及大愛臺人員的工作分配，有時訪視可能有十一條動線，這常常考驗著彼此的默契及專業力。所幸，大家分工合作，都能將工作圓滿完成，也感覺到三合一是一個很完美的架構，隨時都可以組成一個團隊。

用心投入　行善行孝兼備

當年首次到中堂的臺商學校出班的黃桂烽，參與靜思語教學和當地的孩子互動。活動結束後與小組成員分享的過程中，他第一次流下了眼淚。因為他想到遠在臺灣的小孩，遠走異鄉的他，沒有機會與孩子互動，深感愧疚。當晚趕緊撥電話回家，和孩子問好。從這次起更堅定他走慈濟的決心。

尤其，在貴州助學發放時，他的眼淚經常不聽使喚流個不止。當地的環境貧瘠，營生困難，年輕的父母大都出外就業，孩子們都是由老邁的爺爺奶奶扶養，非常的孤單。

每當活動結束後，黃桂烽在整理照片時，再次感受當時的氛圍，眼淚就不禁奪眶而出，再次感動。見苦知福後，不自覺也改變了自己的習性，更感受到自己肩負著神聖的使命。

「在大陸參加靜思語教學、敬老院老人關懷、助學訪視等等，感觸真的很深。一想到自己無法陪在家人身旁，心理面都覺得很遺憾。尤其爸爸已經七十多歲了，行孝不能等。」想到年老的父親，日日盼兒歸，黃桂烽毅然決定回臺灣。

「該是轉換跑道的時候了。」多年在他鄉打拚的黃桂烽，於二〇一一年在板橋分會委員受證典禮時，看到爸爸及家人前來觀禮，體會到有最摯愛的親人陪伴身邊的幸福。同時也深深感受到生活用度足夠就好，金錢、時間當運用在最需要的人事物上。

「我最捨不得的是，我剛把東莞整個三合一人文架構起來，包括人員調配、器材的使用規畫、FTP平臺架設……我就回臺灣了。」雖然回到臺灣，但黃桂烽心中還是有諸多放不下與不捨。

大病初癒　投入團隊精進行

「您好！我是東莞的人文三合一黃桂烽，我回來了。」回到臺灣，馬上就到彰化分會的文宣室向簡淑絲報到歸隊。黃桂烽很慶幸自己很快地融入組隊及人文團隊，馬上就能參與七月吉祥月、社區素食推廣等錄影工作，再度發揮良能，讓他覺得很快樂。

「師兄，您的臉色很蒼白，您怎麼了？如果身體不適，您可以提前打電話來取消勤務……」邀約黃桂烽出班記錄的志工鄭麗美細心的觀察到他身體出問題。

因患有C肝病毒，黃桂烽開始接受治療，但卻沒有想到治療的過程是這麼不舒服。剛開始只要有勤務邀約，他會錯開打針時間，並找時間多休息。但幾個月後，發現自己實在很不舒服，只好忍痛將工作辭掉，也漸淡出慈濟的勤務，專心在家休養。

所幸經過一年的療程及休養，黃桂烽已經恢復健康，也積極的找到工作，並參加二〇一三年的慈誠隊培訓，生病後的他體會能付出生命的良能，是很幸福的一件事，他期許自己做個勇於承擔，樂於配合的人，將大陸的經驗奉獻出來，勤耕臺灣這片福田，培訓、傳承更多的人才，共同為慈濟寫歷史，記錄慈濟的大藏經。

（文：謝玉珠　彰化報導　二〇一四年二月三日）

跟定上人不再變

善之卷

梁昌材

（攝影：徐淑琴）

幾乎每十年，梁昌材都會變換一個嗜好，學太極拳、上健身房、研究玄學、風水等等，證嚴上人授證為慈誠後，他堅定志向：「絕對不會變了，我跟定上人要走的方向。」

書展因緣認識慈濟　逆境襲來阻斷續緣

一九九六年香港國際書展，梁昌材走進小小的、布置典雅的靜思文物攤位參觀，看了展出的靜思文物，便向志工表達希望能讓學生和慈濟有所互動。梁昌材在佛教聯合會所辦的中學教中文，他認為學生學的不只是書上的知識，更需要的是做人的規矩及生活禮儀。此後，他常到慈濟九龍塘會所看書。次年志工邀約他到臺灣花蓮靜思精舍，可以更了解慈濟。

回到香港後，志工應邀到梁昌材的學校帶活動、教手語，他也和志工一起到盲人院探訪，偶爾會帶學生到會所參訪。一九九九年九龍塘會所開辦親子班，他參與了一些活動。當年暑假，他再次到花蓮參加研習營，還被安排到慈濟醫院當志工。志工期間參與病理解剖時的助念，他直搖頭：「很震撼，看著醫生打開大體的胸膛，幸好有點距離，否則可能會受不了呢！」之後，又跟著醫院志工到原住民部落，訪視獨居老人：「還幫那個老人沖涼（洗澡）……」

營隊結束，回香港前他皈依了上人：「這些都是我的第一次，從來沒遇過、沒做過的事……做慈濟太多的震撼了。」回想起當時的情境，他深覺因緣之不可思議。學佛多年的梁昌材，以往到寺廟裡只不過念念佛、拜拜懺，慈濟也是佛教團體，怎麼不一樣？深入參與後，他終於明白：「原來慈濟走的是人間法，是要走入人群去做的，真的很不同。」

很巧的是，回到香港後發生了一連串不順遂的事，不知道為什麼太太一直吵著要和他離婚？隔了一年，香港盛行迎佛骨，學校活動密集，學生參加聯考成績非常不理想。家業、事業，重重壓力，為了專心教學，讓梁昌材沒有太多的心力去做其他的事，因此中斷了和慈濟的因緣。

提早退休當志工　結合興趣做志業

一九九七年後，香港的教育制度改革了很多，二〇〇三年學校要求學生升學率要達到某個百分比以上，梁昌材很不喜歡以成績來衡量一個學生，他考慮了一個晚上，仍覺無法保證能達到學校的要求，因此提前退休。

這些年來，世界災難頻傳、人心惶惶，且因面臨不少煩心的事，梁昌材退休後為求心靈寄託，學了玄學、風水、命理，勤跑道場：「除了想了解自己的未來，也想過所學或許可能發展成為事業呢！」

為了謀生，奔走來往於北京、上海、廣州、深圳之間，巧遇前妻。前妻有了新的家庭，生了一個可愛的女兒。前妻顧念梁昌材對父母的孝心，梁昌材也不計前嫌地幫前妻照顧女兒，彼此的關係反而像朋友了。

年中回到香港，昌材因接送前妻女兒的關係，有時會經過九龍塘慈濟靜思堂，二〇〇九年六月的某一天，梁昌材走進聯絡處告訴志工：「我退休了，可以當志工了。」之後，他看見一位師姊帶著孩子（慈濟志工周艷娜和兒子余嘉進）在街頭募款，那位慈青（余嘉進）拿著照相機在照相。

梁昌材心想，我也可以來拍照，因為從高中開始就很喜歡拍照。他就和周艷娜說：「我也可以來拍照，可以嗎？」周艷娜將他引介給真善美志工呂美慧。

幾天後，呂美慧便派他為活動拍照留下足跡。他沒想到呂美慧這麼快就派他出勤務，只好先和朋友借了一臺單眼相機。沒多久呂美慧又再請他出勤務，他想，既然定位在照相，那就該有一臺自己的相機，為了拍出更好的照片，他添購更好的鏡頭。為求活動記錄更完整，他再購買電腦，學習整理、儲存圖檔，從此，更積極參與慈濟活動的記錄。

求好心切不被了解　放慢腳步拍出人文

慈濟人在社區的用心耕耘，得到當地居民和相關政府部門的認同和肯定，於二〇一二年成立新界天水圍聯絡處，梁昌材便承擔起新界區人文真善美的互愛幹事。

新界天水圍聯絡處成立後，接引菩薩的活動更多了，梁昌材希望記錄得更完美：「相片有了，如果有影音相信會更好。」他邀約一位退休的志工來拍照，一起學錄影和剪片，自己開始負責錄影和剪片。想到就要做到，他跟朋友借了一臺錄影機，再向志工學習剪輯，有時也會請以前的學生來教他怎麼剪輯。

為了留下慈濟歷史，一定要有更好的器材，才能做得快又好，添購器材一點都不遲疑。梁昌材最大的期待是，把活動內容快速地傳回臺灣，給大愛臺製播新聞，但受限於經費，總是跟不上大愛臺的腳步。「可能因為求好心切，反而造成志工之間的不了解……」這也是梁昌材最想突破的困難。

梁昌材凡事要求效率第一，因此和團隊之間起了一些摩擦。聽了來自全球志工的分享，他收穫很多，尤其是大愛臺主播陳竹琪的一席話，讓梁昌材有了更寬廣的想法，他相信團隊也和自己同樣學習到工作的默契，知道做新聞要注意的地方，以及可以改變的空間。他決定：「要放慢腳步，慢一天上新聞也沒關係，要去改變別人不容易，只好調整自己的態度，畢竟慈濟不是一個人做得來的。」

香港是一個非常先進的城市，為什麼做不到「很快、很準」？梁昌材透過豐富的課程，重新檢視三、四年來，帶領志工的方法、態度：「希望活動作品要好又要快，我的個性似乎太急躁了。除了要調整個性外，還要將陳竹琪師姊說的『製作新聞不要快、狠、準，但要很快、準』和團隊分享。」

教授中文的梁昌材，為什麼不是選擇文字，他以一位老作家說過的話來形容：「經常看別人的文章，看久了、冷靜了，就不想寫，寫文章要有熱情的。」他不是不熱情，只是他專注在要怎麼拍出慈濟味道的照片？以前拍照講究美感、構圖美、人的表情神態，而慈濟則是以互動為主，互動就是慈濟人文，是有感情的。不只是美、構圖好，還要有慈濟人文，這得慢慢學習才能拍得出來。

團隊做事力量大　法入心行長慧命

「雖說打開電視轉到大愛臺就可以看到上人，但是，回到花蓮感覺更貼近上人的法。」看到這麼多志工行動一致，精神、面貌都是這麼的真，梁昌材真切感受到：「一定要有更多的人一起來做；團隊做事的力量大。」

在香港，最欠缺的是錄影人才，製作新聞帶也有很多困難，人才培養不易且流動性特別快，換工作、搬家、移民等等。錄影機種、電腦升級技術層面，也總是跟不上大愛臺的要求，再加上大家工作忙碌，團隊的溝通不多。

梁昌材最擔心的是：「今年是慈濟在香港二十週年，十月份要在伊莉莎白體育館演繹水懺，對真善美團隊來說是很大很大的考驗。」硬體設備、操作技術應該不成問題，最重要的是團隊要有共識：「天時不如地利，地利不如人和，要同心協力，才能圓滿每一次的活動。」至於要如何落實上人的法，做到帶領和傳承，他決定放下求好求快的要求和團隊同步成長。

幾乎每十年，梁昌材都會變換一個嗜好，學太極拳、上健身房、研究玄學、風水等等。他繞了整整十年，才真正走入慈濟宗門。上人授證為慈誠後，梁昌材堅定志向：「絕對不會變了，我跟定上人要走的方向。上人希望我們『慧命要成長、法入心、法入行』，『做就對了，但要做對的事、走對的方向。』要深深印入腦子裡面，總之，跟著上人的方向就對了。」

（文：彭鳳英 香港報導 二〇一三年八月五日）

進化五心級

善之卷

吳麗玲

（攝影：吳啟志）

「我怎麼知道作業還有那麼多規矩？既然別人做不好，我來將作業修整完成，讓人認同我們也有實力而已……」求好心切之下，吳麗玲率直地「搶工作」來做到好——這種一心求完美的個性，在初接觸慈濟時，讓共事的志工有點困擾，然而她自己卻不知道……

具電腦專長　形影不離幫大忙

二〇〇七年初，熟悉電腦文書的吳麗玲經妹妹推薦給中區人文真善美幹事余麗娟，協助整理活動相片檔和文稿，彙整、歸類、編排，製作成紙本檔案。

當時，社區的資料是依攝影者而建檔，組隊若需要資料，不但難找且費時。吳麗玲想到一個快速又好找的方法——按事件日期分類。從此，只要組隊需求，人文真善美很快就可以提供。

由於余麗娟患有「遺傳性糖尿病」，雙眼視網膜產生病變而視力不好，吳麗玲的細心與處處用心學習的精神，讓她非常讚賞像多了一雙手，因此將社區的活動資料、大小事務，放心地交給她來負責整理。不管是開會、辦活動或是上課，余麗娟也會將吳麗玲帶在身邊幫忙，二人常常形同姊妹般形影不離。

無明偷偷爬上身　得罪人而不自知

「師兄，照片記得要按規定批次更名哦！」「你的照片要寫圖說哦！」「圖說要這樣寫比較好哦！」「師姊，出班文稿及照片都要在三天內繳交哦！」……

吳麗玲年輕、頭腦好，學習能力強，常常出席參加共修，對於人文真善美三合一的基本繳交資料原則都一清二楚，也很負責地協助催繳資料，但因過於急切和求完善，引來夥伴們抗議不斷，而給她冠了「地下組長」的封號。余麗娟看在眼裡，知道吳麗玲能力好，卻帶有一些傲氣與強勢，所以常會在言談中用上人的法引導她，「麗玲啊！人唯有縮小自己，放大別人，才能走入人心。」

二〇〇八年，她參加人文真善美通識課程，同組的學員需相互協力完成文稿、照相、錄影三合一真實記錄的作業，並製作成光碟交出，才算課程圓滿。對電腦內行，又有規畫才幹的吳麗玲感覺夥伴繳交出來的多媒體光碟並不很理想，所以索性自己又做了一片，也堅持同時交出去。

「麗玲師姊，我們的作業是要團隊合作、協力來完成，不是要逞個人英雄哦！」吳麗玲事事要求完美，近乎「龜毛」的個性，引來別人的不悅。但是吳麗玲並不了解對方為何不高興？反而說：「我怎麼知道作業還有那麼多規矩？單純的只是求好心切，既然別人做不好，我來將作業修整完成，讓人認同我們區也有實力而已。」

學習縮小自己　帶人帶心聲色柔

儘管認為自己只是求好心切，但聽聞其他人的負面觀感，吳麗玲也很難過，決定參加委員培訓，好好重新學習。然而二〇一〇年受證後，隔年接下人文真善美窗口，因為派勤務的時效性，和心直口快的個性，在團隊中常因講話太直得罪人而不自知。一路帶她的余麗娟，總是像媽媽一樣的教導她：「麗玲啊！上人常說，當我們幫助、布施予人時，要像走路一樣，前腳走、後腳放，即使做再多好事，也要如手畫虛空，畫過無痕。」遇到瓶頸時，余麗娟也會溫言軟語的鼓勵她，要藉事練心，從「做中學，學中覺」。

漸漸地，吳麗玲因為看到余麗娟凡事不計較、無私付出、勤儉克己的身行，以及樂於布施的精神而有所感化。「怎麼會有人願意這樣做呢？她的慈悲、善良和氣度，是我該學習的地方！」從余麗娟的身教、言行潛移默化中，吳麗玲慢慢地收起鋒芒，縮小自己。

二〇一一年她在入經藏演繹《水懺》時，從經文的「懺悔貢高我慢生狂傲，蔑視他人氣燄高」才警覺自己竟深植傲慢心而不自知，開始學習放下身段，也當眾懺悔過去的無知。

察覺到帶人首先要帶心，有的夥伴們要兼顧家業、志業與事業，彼此難免會有不愉快的磨擦產生。吳麗玲先從自己做起，有錯時馬上改，換以聲色柔和地協調與溝通，有時送上一份靜思小禮物或是一張小卡片，彼此互勉鼓勵，夥伴們也都感受到她的誠意，而能互相包容，出勤務也跟著平順多了。

精進學習　製作多媒體自我挑戰

社區漸趨和合後，吳麗玲也積極地學習專業攝影和多媒體。剛開始不懂，又找不到人幫忙，就研讀兒子的電腦書，慢慢摸索，再參加相關課程，學會了如何製作多媒體及簡報，在每次活動中，為社區留下更完整的影像資料。

有一次深夜，為了製作時效性的簡報，她熬夜直至聽到樓下一位阿婆養的雞的啼叫聲，驚覺已是凌晨四點，才打住上床去睡，先生不解地問：「妳又熬夜了，做慈濟需要做到三更半夜嗎？」

當初也是因為先生的贊同，「一人拚經濟，一人做慈濟」的理念，讓她可以專心投入志業。但是先生看到她經常深夜還守在電腦前面，反而有了怨言。

面對先生責罵又不捨的眼神，吳麗玲道出了實情：「因為要趕明天報告用的簡報，要先將相關資料找出來、準備好，所以……」

活動前，她會很細心地將簡報架構完成，當天只根據每一頁需要的照片插入即可，也方便採訪者與攝影志工知道應該擷取那些畫面和文案回來，所以在活動當天或隔天任務都能很快完成，而且作品完整得令人讚賞。凡是與她配合過的志工，都很欽佩她事前完善準備、有企畫的作業模式，所以在中區大型活動如浴佛時，常會看到她付出的身影。

為年長效勞　如子女般殷勤

「吳麗玲也是一位善解人意、精進的志工……」這是很多人對她的讚歎，尤其是同社區、八十幾歲的卓雲師兄。

從二〇一〇年開始的每週一和三早上，卓雲會到臺中舊分會所的民權路去整理中區歷史溯源的資料，也邀請吳麗玲一起幫忙。每當計程車來到會所前停下來時，吳麗玲就趕快幫腳有些不方便的卓雲打開車門、提包包，還貼心細膩地將他的鞋子放到鞋櫃裡，照顧他走進大廳，禮佛問訊。

有人會好奇地問他們：「師兄，你們是父女檔嗎？」

「我們不是父女，但是我們比父女還要親……」卓雲老人家的一句話，道出對吳麗玲的感恩與疼惜，也因為有她電腦長才的加入，利用現代科技節錄，讓中區早期留存的紙本檔案，轉換電子檔以便於日後合社區搜尋需求，也可以永遠保存。

有天晚上十點，卓雲的太太李玲因為要趕一篇文稿，但電腦屢出狀況，她急得趕忙求救吳麗玲：「妳趕快來，我的電腦又不動了……」

「好！妳別急，我十分鐘後就到。」掛斷電話，她火速出門。

好不容易，電腦的問題解決了，剛回家門她的手機又響起：「麗玲師姊，我要上臺報告，拜託妳幫我準備報告的照片檔好嗎？」

「ＯＫ！沒問題。」她二話不說，馬上答應。

不管夥伴們發出任何有關電腦的求助訊息，不論白天或黑夜，她一定有求必應，甚至還連帶地教導其他電腦操作技巧，讓人感到很窩心。

尤其是卓雲和李玲兩位年長的人文真善美志工，常常受到年輕的吳麗玲貼心照顧，更加讚歎：「她簡直比我們親生的女兒還要親，不管在公事、私事上都幫了我們很多的忙。」

五心級志工　社區堅實靠山

吳麗玲在人文真善美夥伴出班勤務前，會先寄相關資料給他們備用參考，有些勤務在工作環節上需要照片圖檔、和志工姓名……等，她也會即時提供，並附上注意事項，讓人放心的去承擔任務，有時甚至和大家一起挑燈夜戰完成作品。她的毅力和貼心讓團隊人才如泉水般地湧出，也對她十分信賴，視她猶如一座堅實的靠山。

承擔海報製作任務的何姿嬅說：「麗玲師姊事先都會給我主題、引導主軸方向，隨後很放心的將任務託付給我，讓我有很大的創作空間。」吳麗玲不藏私的個性，給予團隊成長的雅量，來自於她適時的陪伴和指導。

人文真善美的工作既專業又繁複，與她同是窗口的陳榮豐感受最深。他說：「很感恩我們有這樣一位『五心級』的志工，她對於勤務『用心』承擔；對新芽『愛心』陪伴；在慈濟事上更是『專心』投入；『恆心』護持；對法親之間也『貼心』關懷。我們兩人就像是男主外、女主內般默契十足，互相搭配，又像兄弟般分工合作，讓社區勤務運作相當順暢。」

吳麗玲做事一定要做到好才休息的敬業精神，讓人佩服，但也讓法親很擔憂她的身體健康。有志工問她：「妳什麼都會，而且又可以耐心地守在電腦前，連坐好幾個小時，徹夜不停的製作修改檔案，難道不會累嗎？」

她會很開朗地回說：「這是本分事，做就對了。」因為在做的過程中，吳麗玲深切了解要把握因緣積極行善：「福是做來的，不是求來的，我要隨時提醒自己，修正習氣，廣結善緣，度人也是度己。」她就像是機器裡連接的螺絲般，讓人環環相扣，心手相連；也像大家長一樣，讓大家樂於參與其中，合和互協地完成記錄任務。

（文：楊欣樺 臺中報導）

同修同道

善之卷｜余春芳 & 陳志俊

（攝影：李威德）

「不要睡了啦，趕快做！」臺中人文真善美志工余春芳看到先生陳志俊剪輯活動錄影帶時，做著做著，半晌沒動靜……原來，陳志俊又瞌睡蟲上身趴在桌上睡著了，她心急地催促著。

為了趕緊完成慈濟活動影像的剪輯，白天要上班的陳志俊常利用晚間進行，但回到家已經累翻，晚飯後更是呈現頭腦昏沉的狀態，常讓一旁的余春芳很緊張。

勇敢上陣　二人選擇自我挑戰

出生於臺中東勢的余春芳，在九二一地震時，看到慈濟志工身影在災區內無怨無悔的付出，讓她心生感動，也與先生一齊投入志工行列。兩人是在學生時代因喜愛攝影而相識，余春芳偶爾也會拿著相機在活動中拍拍照。有一次，人文真善美窗口張金妹邀約她：「你退休了，可以來寫（文稿）啊！」不善於說「不」的余春芳，從此就成了文字志工。

她參加通識課程、歷史小組，也上萬榮爽導演的課學寫企畫腳本，隨身帶著相機，一人身兼多種功能，亦文亦武，默默地在團隊中學習。

而陳志俊在一次活動中，由一位錄影志工手中接下錄影機，學得幾項技巧和按鍵，就錄了起來。之後要剪輯，因為電腦配備功能不足，他索性買了新電腦，也購買很多剪輯的書研讀，並找「前輩」切磋技術。錄了一段時間後，他竟自掏腰包也買了臺新錄影機。

余春芳看他一下子投入那麼多錢，不知往後是否持續做，是玩真的嗎？不禁問：「那麼貴的東西，你也捨得買？」陳志俊不急不徐地向太太解釋：「因為公用的機器老舊常有狀況發生，為了讓錄影順暢不跳機！自己的機器若是有問題需送修時，也不至於耽誤到團體運作。」後來，中區慈濟志工在莫拉克風災後前往屏東林邊協助清掃汙泥，他的新機器剛好擔起錄影工作，沒讓歷史留白。從此，夫妻倆終於有了共識：「當用的再貴也是要買。」

不捨先生勞累　操刀剪輯他品管

兩人曾因愛攝影而相識，現在又攜手投入慈濟且一起成為人文真善美志工，互補時間與工作，成為最佳拍檔。

假日出勤回來，回家還要做剪輯的工作，所以身為妻子的余春芳常不忍心地覺得：「先生工作忙碌，回來都累癱了，我還邀他進慈濟，而他又承接了錄影工作，我簡直是拿石頭砸自己腳。」她常常很懊惱地反覆思考：「我是不是做錯了？」

錄影本就耗費體力，回家後的「剪輯功課」才是大學問。夫妻倆常做到半夜，余春芳常常一邊打字寫文稿一邊打盹，陳志俊則是盯著螢幕盯到睡著了；有時清晨從被窩起來把握上班前又做，為了一個畫面，一個聲音，兩人奮戰不已。看到陳志俊疲累的神情，內心實在不捨，余春芳會告訴他：「先睡吧！睡飽再繼續。」

但是，每當看到晚餐後的先生坐在沙發上，不知不覺地睡著了，個性急的余春芳又會想說，事情不能就這麼拖著，怕耽誤活動帶的繳交時間，她乾脆也開始摸索學初剪。她認為這是分擔、也是陪伴和督促慢郎中的先生最好的辦法。後來，她與先生的默契是，先完成剪輯素材的四分之三，最後再由陳志俊進一步做「品管」。

急驚風遇到慢郎中　磨合互成就

但個性迥異的兩人分工，並沒有減少太太「越區辦案」的狀況。每當陳志俊遇到剪輯上的困難，習慣會先停頓下來，翻書找解決的方法；但是余春芳則建議跳過，先進行能力可及的部分。兩人意見不同的時候，對話聲調難免越來越高，余春芳會驚覺地踩煞車，選擇不說話而離開現場。「過去只要稍受委屈，我可以兩個星期不理他，現在不行了，轉個身，又主動談起影片的事情了。」余春芳自娛地說

陳志俊個性雖然拗，但凡事總是包容著余春芳，他說：「我們家師姊對影片比較有感覺！最後我還是會聽她的。」

有時候做好的影帶無法播放，因為繳件在即，只好依有經驗的師兄建議，重頭再來。在求救無門之下，通宵達旦地重新剪輯是常有的事。余春芳自喻先生是土法煉鋼的剪輯師。

重新學習　克服困難完成影片

二〇一〇年六月，他們兩人也開始學習製作《人間菩薩》。有一次在專訪錄影時，陳志俊很有自信地以為安靜無聲，沒想到一打開素材，就聽到「咻——咻——咻——」的車聲在音軌中不斷出現，他一直試圖要修掉車聲，卻始終搞不定，為此

傷神了好幾個月。

「如果你沒有好好處理它，黃金就變成垃圾，留史是黃金。」他依稀記得上人曾經說過這段話，讓他們內心好著急。所以只好重錄，當事人也高度配合，補拍的次數超過三次之多。

陳志俊與受訪者結好緣，認真地做，以感恩心答謝每一位配合他、成就他學習的人。有一段時間，他的手腕因「腕隧道症候群」的困擾，雙手帶著護腕，照樣扛起錄影機出勤，他說：「除了看醫生，就是繼續做，做了就會暫時忘記疼痛。」

而余春芳患有乾眼症，看著電腦螢幕，越發模糊。當心和體力疲憊的時候，想到資深志工陳安永鼓舞的話：「做人文真善美要有使命感，拍攝《人間菩薩》要盡量早點去做，才不會有遺憾。」他們都會重拾精神，再接再厲。

余春芳形容先生像個慢郎中，事實上，看到他為家業、事業和志業忙忙忙，雖有時會自責，但是每當看到社區一部部的《人間菩薩》出爐，還有陳志俊那不經意地流露出踏實的成就感，余春芳內心的不捨就會稍稍化解。

心裡想的　只是為社區留史

「我們是在為社區的師兄師姊留下菩薩足跡，你不做誰做？」余春芳也常常鼓勵志俊：「是我們需要慈濟，而非慈濟需要我們。」這句話也提醒她自己不可懈怠。陳志俊也感恩一路走來，是因為好多志工跨區的陪伴和協助，才能讓門外漢的他，收穫最豐。兩人努力不懈，挫敗再起的精神，逐步完成了七部《人間菩薩》影片。

「我們已經年過半百，又沒有製作影片基本功都能做，還有誰不能？」余春芳常以這句話鼓勵後進，她的願力是：「我會持續的做，直到我的眼睛不允許。」他們期盼帶出更多組的人，彼此合作分工，同步進行多位菩薩身影的製作。

在鏡頭底下，他們體會到證嚴上人說的，每一個人都是一部大藏經，而每重新製作一部《人間菩薩》都是一個全新的挑戰，從怯步中啟航。他們也從瀏覽一遍遍影帶中，看到受訪者的改變、一念單純和真誠做慈濟的堅持……

余春芳謙虛的說：「把心念放在他人的身上，自然會產生很大的力量，就沒難事可言。」夫妻兩人真的做到了事前盡心，事中用心，事後就放下的原則，把握機會，挑戰自己，擴大生命格局，為自己寫下亮麗的人生下半場，也將影片中的美善故事與身邊的人分享，帶動起善的漣漪。

（文：林綺紅 臺中市報導）

鏡頭背後
哭不丟臉

善之卷｜陳榮豐

（攝影：不詳）

「以前覺得哭是件很丟臉的事，但那一次，眼淚就是不聽使喚拚命地流……」堅持男兒有淚不輕彈的陳榮豐，大陸貴州發放七天之行，從一幕幕的鏡頭裡，在美麗的石頭山，從屋裡能看到屋外，一片片不甚完整的竹子編蓋成的簡陋屋子，無法遮風避雨，鄉親貧瘠的困頓狀況，讓他的淚水滴個不停……

相片會說話　找回自信心

學生時代，陳榮豐就很喜歡拍照，高中時還曾得過攝影比賽第一名。婚後，第一個兒子出世後，他從日本帶回一臺ＤＶ錄影機，為寶貝兒子成長記錄，攝影和錄影基本上都難不倒他。

有一次，他參加慈濟的歲末祝福，在影片回顧中才知道自己捐出的錢做何用途，這讓陳榮豐對慈濟更加認同。於是在菩薩大招生區，填下了自己的興趣——錄影和攝影，加入了人文真善美行列。

雖然會拍照，但都是隨心所欲，不知道慈濟活動要拍的面向是什麼？所以剛開始時，他選擇承擔錄影志工；但因事業繁忙，常無暇後製影片，只好轉換跑道，改去攝影。

記得第一次參加營隊，攝影志工把拍好的照片都交給圖像組簡宏正，但陳榮豐覺得沒拍好，故意不交，心想：「反正照片那麼多，也不差我一個吧！」但簡宏正從一堆照片中挑不出一張滿意的，突然轉向陳榮豐說：「榮豐，你的照片呢？」「要交喔？」心裡雖存疑，但已經被點名了，只好硬著頭皮交出作品，想不到簡宏正看到他拍的照片卻很高興地稱讚說：「原來我要的都在這裡啦⋯⋯」簡宏正肯定的一句話，讓他的信心如一塊巨石，穩住在攝影區塊持續精進的腳步。

從小吃齋無朋友　入慈濟茹素如魚得水

陳榮豐缺乏信心的個性，其實是來自於小時候吃素而被同儕嘲笑為「喫菜囝」。三、四十年前，吃素在臺灣社會並不普遍，陳榮豐因為打從娘胎就吃素，在生活、求學上造成很大的困擾，因為飲食習慣跟別人不同，找工作不易，和同儕相處也顯得格格不入。他甚至跟媽媽吵著要吃葷，媽媽無奈地跟他說：「如果吃得下，你就吃吧！」

他家住嘉義，獨自到臺中讀書，必須靠半工半讀支付生活開銷。求職時，也常因為吃素和讀夜校而遭老闆婉拒，老闆認為：「夜校生，六點就要上課，那不就四、五點就要準備下班，一天能跑多少地方？男生『吃素』，怎麼會有力氣搬貨？」而拒絕聘用他。

陳榮豐請求老闆試用，一片誠心打動老闆，他除了努力做好分內事外，空暇時，常主動協助整理倉庫，清點庫存，不計酬勞的做好公司大小事情。幾個月後，原先墊底的業務業績排名，已衝到第一。他說：「我用行動證明，吃素不會比別人差！」

國中時，同學家大拜拜，盛情邀約去作客，說好要請他，卻沒為他準備任何素菜。望著同學們大快朵頤的享受著餐桌上的魚、肉，而他尷尬的坐在一旁，不爭氣的肚子只能吞下滿腹的委屈。

「吃菜耶」——是陳榮豐從小到大被冠上的綽號，也曾是他的自卑與阻力。他認為吃素沒有不好，為何要被排斥？一直到加入慈濟後，聽到上人不斷呼籲要吃素，現在吃素反成他自豪的好事。

不捨貧瘠鄉親　任淚水潰決

一顆不忍吃眾生肉的慈悲心，在二〇一〇年初第一次參加大陸貴州冬令發放時，淚水如潰堤般宣洩不止。一踏入貴州省羅甸縣平岩鄉的發放現場，映入眼簾的是幾百人排成兩列的鄉親和小朋友，一路拍手，齊聲熱烈地喊著：「歡迎、歡迎、熱烈歡迎——」陳榮豐被這一幕給震攝住了。「自己何德何能，讓異地的鄉親如此熱誠相待？」只是一句簡短的「歡迎」，就讓他內心非常悸動，久久無法開口，深怕一開口，感動的淚水即會奪眶而出。

下鄉專訪時，鄉親們看到慈濟志工到來，藍天白雲的身影，就像對家人般信任地讓慈濟人自由進出他們的家。陳榮豐慶幸自己因為是承擔人文真善美，才有機會踏上只在地理課本上看過的「貴州」，用鏡頭記錄一幕幕感人的事蹟。

「這是藍天白雲志工，十年來付出無私的大愛，他們陪伴鄉親度過最艱困的生活。才能讓我踏上這片土地！」陳榮豐也因為能承擔人文真善美，穿上藍天白雲服裝，第一次踏上這片土地，就能與其他志工同霑這分禮遇。

「以前覺得哭是件很丟臉的事，不管多感動的場合，能讓淚水只停在眼眶打轉就很了不起了。但，那一次，眼淚就是不聽使喚地拚命流……」他笑稱自己四十年不掉淚，一哭就哭了三十分鐘，回憶貴州發放一行，內心依舊充滿了感動與不捨。

七天的貴州之行，陳榮豐深深體會到「天無三日晴、地無三里平、人無三兩銀」的樣子到底是如何？在美麗的石頭山，矗立於地上的建築物，都是可從屋裡能看出屋外，從屋外能看進屋內，一片片不甚完整的竹子編蓋成的簡陋屋子，根本無法遮風避雨。

再走進因骨折沒錢就醫，造成手臂彎曲，而無法工作的李先生家，太太也因不明背痛，只能做些簡單的家事，連挑一擔水都得走走停停。完全沒有經濟來源，處境不禁令人鼻酸。

還有那黑黑的鍋裡，淌著黏黏稠稠的玉米粉粥，本以為是給豬吃的，那知是他們三餐的主食時，陳榮豐內心吶喊著：「世上怎麼有這麼苦的人？苦啊——苦啊——」再也忍不住趕緊跑出房外，任由滿眶的淚水潰堤，哽咽到不能自己。

一趟貴州之行，讓平日被太太照顧得像老爺的陳榮豐，回來後不再計較吃，也收起愛玩樂的心。「以前一年總要出國旅遊一、二趟，當下覺得很快樂，但高興的感覺很快就沒了！而貴州發放，卻是一輩子忘不了的記憶。」

架設FTP　平臺省時減碳

一趟感動之旅，他更加惜福，回到臺灣後，接下了人文真善美窗口。一切起頭難，當時社區沒有專屬的資料庫，志工寫好文稿，卻不知跟誰要照片？為了上傳大藏經，彙整資料費時又費力，因而起了煩惱心。

為了讓資料整合更方便、快速，陳榮豐先在自己公司的網站，設立人文真善美專用的FTP（網路資料共用儲存平臺），隨著勤務量增加，硬碟容量不敷使用，本是準備再購買一個專屬的FTP。當他在網路上蒐尋合適的硬碟容量時，剛好有人要出售二手伺服器，在電話連絡互動過程中，賣方得知是慈濟要使用的，竟然表示願意捐贈，這段意外的善緣，讓他以身為慈濟人而與有榮焉，更積極推動網站架設工程。

完成FTP設立後，陳榮豐看到有活動要申請真善美派班，常常臨時電話通知或是以發簡訊的方式聯繫，活動地點和時間常有遺漏。人文真善美團隊無法事先知道活動訊息，找不到出班人員而造成很多不便。

陳榮豐認為除了電話連絡外，善用發達的科技，應該有更省時和更全面性的通知方式，於是和電腦工程師討論，經過六個月製作，完成了線上的「活動一覽表」，讓臺中市南區一整年的常態性活動可以一次登錄，突發的活動訊息，如出坡、環保、助念、告別式等，都可以隨時上網站登錄，不但省下可觀的電話費，還可以讓更多社區志工、會眾參與。

傳承經驗　以幽默培養後進

除了專業攝影之外，踏入慈濟後拾回了自信，他如菩薩遊戲人間，主持攝影共修時以幽默詼諧的語氣自我調侃：「你們才拍幾百張，我第一次參加五天的營隊，總共拍了二千五百張，還高興的不得了，以為自己很厲害。後來才了解，拍照的人不知道看照片人的辛苦，所以不要多拍，看好、看準再按快門……」一個月一次的共修，陳榮豐為志工加油打氣，以自身經驗勉勵新人。

簡宏正很喜歡找他主持攝影共修課程，「榮豐主持，跟學員互動沒有距離。只要告訴他課程講師是誰，他一定事先做功課，課程中認真聽課、做筆記，所以做總結時都能扣住主題。」簡師兄還說：「每次共修結束，我們的學員都是笑著走出教室！」

因為承擔，讓陳榮豐在付出中受到肯定，在慈濟大家庭中，由於相同的飲食習慣，讓從小茹素的他，在加入慈濟後如魚得水，也因為喜愛拍照而找到著眼點，信心被啟發，他將感動化作行動，以專業科技為社區、為慈濟留史跨出一大步，電子派班、零誤差。

（文：蔡素玲、林美宏　臺中市報導）

被先生念也值得

善之卷｜顏吟修

（攝影：郭明娟）

「媽媽！媽媽！功課我不會寫啦！你都陪弟弟都不教我！」下課後的老二急促地叫喊著。我還來不及回應，這時老大又出聲：「自己都不先寫，都要人家教！」兩兄弟當場鬥起嘴來。

隔壁房受託照顧的兩個孩子，也在這時搶玩具哭鬧著，我只好板起臉來，口氣兇一點對著兒子說：「再吵！靜思語抄二十句。」同時面臨四個不同年齡層的孩子，沒有超人般的體力很難應付的來，因為我不是女超人，所以每晚很快就陣亡了。

好因緣　要時時把握

揉揉惺忪的眼睛，看著窗外朦朧昏暗的天色，現在幾點了？三點了吧！偷偷起床，早點起來就能多一點思緒完成手邊的文稿。白天被四個孩子占據了所有時間，只有這時候，才是真正屬於自己的時間，要及時把握！

先生關心白天當保母要照顧兩個孩子，晚上偶爾要共修、假日要出班，他心想，怎麼參加完活動卻更忙，半夜還不休息是在忙什麼？雖是關心，但口氣會不好的說：「晚上不睡覺，身體怎麼受得了！」

而我自己也不好意思說什麼，因為寫文稿的那分歡喜無法言語；每當我累得睡著了，放在浴室的髒衣服，隔天就會發現貼心的先生已經洗好曬在衣架上，來不及擦拭的地板也變乾淨了，孩子的功課也完成了，心想昨晚仙度瑞拉的仙女一定來到我家了。

先生這樣的舉動，讓我一切甜在心裡，被念幾句，值得啦！

受感動　付諸行動

人文真善美的承擔總是「走在最前，做到最後」，二〇一〇年受邀參加人文真善美通識課程，每位講師提到人文真善美的神聖使命，是「為慈濟歷史留下見證」，讓當時的我好期待也能為慈濟歷史留下足跡，雖然學生時代作文不甚理想，但心裡還是很想加入人文真善美團隊。

臺南慈濟志工在新營區與日本天理教真明新營教會，不分宗教相結合，為日本三一一地震舉辦一場祈福愛灑，當時臨危受命記錄，人文真善美幹事溫寶琴見到我來的第一句話：「謝謝你能來記錄，待會我有事要先走，好好寫，這篇要上大藏經，會後要記得採訪。」

什麼是大藏經？為什麼要上大藏經？寫不好怎麼辦？……心想怎麼答應那麼快，現在後悔也來不及，愛灑活動就要開始了，混亂的腦袋中，只記得寶琴師姊說：「要採訪聽眾的感想。」我心想：「可是人海茫茫都不認識，要找誰？找到了要問什麼？怎麼問？」

好不容易戰戰兢兢聽完愛灑分享，硬著頭皮找了人採訪，也不知道自己問了什麼？反正統統記下來再說，等回到家開始下筆時，問題一一出現了，文稿要怎麼起頭呀？活動過程中雖然認真聽、努力寫，但實際下筆又是另外一回事呀！

二〇一二年承擔人文真善美功能，一切都還在學習與懵懂階段，真不懂自己為什麼當時就答應了。接著這一年有機會參加活動就出班，每次都很想把文稿寫好，但總覺得不夠理想，自我壓力大，胃也常犯痛了。

勇承擔　留下美善足跡

溫寶琴師姊常鼓勵我參加編輯共修，可以了解自己在寫文稿時，有哪些容易犯的錯，大家一起討論收穫會很多，課程中透過講師的分析，會看到自己的盲點，但有時時間無法配合，沒辦法一起共修會覺得很可惜！她就像大姊姊一樣，呵護著我們，不會給我們太大壓力。

同是人文真善美的林柔婷，是位行動派的人，哪裡有問題會熱心的說明，有一晚雖然人已經睡著了，但在睡夢中竟夢見柔婷師姊關切的來電問：「吟修，文稿寫好了沒，不要拖太久喔！接下來，還有活動要出班喔！」這時會自動驚醒，不敢再睡了，心想文稿不能再拖了。

另一位黃渝青，常與我分享學習的心得，補足我不懂的地方。其實自己是一個很幸福的人，有很多師兄、師姊的疼愛，在慈濟路上走得好自在。在這之前，自己的心態一直沒有調整好，雖然功能承擔了，也努力想完成，但總力不從心，時間被分割也就成了藉口。

二〇一三年三月，在陳秋江的告別式上，自己靜靜坐在最後一排寫文稿，透過影片聆聽證嚴上人開示：「每個人要寫好我們來生的文章，過去生我們很努力的寫就會很美、很豐富，沒寫好劇本就沒什麼好演的。」「慢慢走的扁擔翹翹的，能負重的人他會走得更快、更精進，負起責任不怕擔子重，只要力量增加……」這些話像是上人在對我說，過往的我總是慢慢的走，而師兄師姊們對我那麼呵護，頓時感到非常慚愧。

自此更積極參與活動，也更有感觸，出班時看著慈青孩子與教養院院生互動，彼此像孩子般的玩遊戲，陽光灑在他們身上，每個人都好像天使。在榮民之家，看到師兄、師姊們膚慰榮民伯伯的互動真情流露，彼此間情感的相依，這是人間美善的畫面，好想用文筆將這畫面記錄下來。

每當活動採訪觸動到對方內心世界時，他們會不自覺流下眼淚，分享他們生命中曾經經歷的快樂與痛苦，這些都在在感動著我，從每個人身上看到他們生命中的故事，感染我內心隱藏激動的情緒，進入慈濟大門，自己變得很愛哭，不再用堅強當成堡壘。

在人文真善美的功能中，更清楚自己的使命，要如何將人與人交集的「真、善、美」，透過文字傳遞出去，觸動更多人內心的美善。

（文：顏吟修 臺南報導 二〇一三年九月六日）

走出幽谷，人生好美

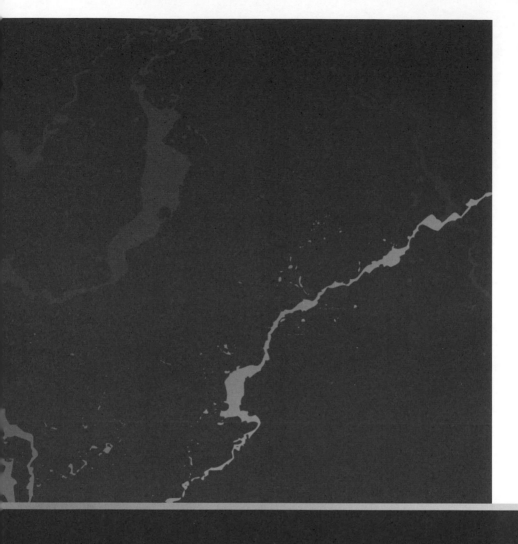

美——之卷

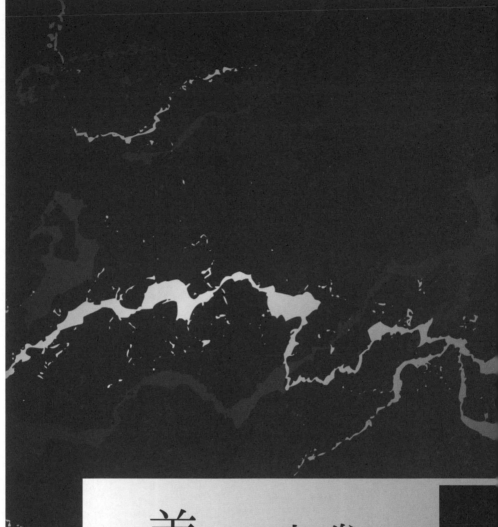

學習掌鏡 不當「藏鏡人」

美之卷｜洪美香

（攝影：林素蓉）

「沒問題的，只要把握住方向，人、事、時、地、物五大原則……」十六年前（約一九九八年），洪美香在臺中慈濟志工江美芳的積極鼓勵下，學習文宣的工作。她學習錄影，不再躲於背後當藏鏡人，開始走到幕前為活動掌鏡，同時也為慈濟留史。

父母嚴選金龜婿　放棄優薪做羹湯

洪美香生長在父嚴母慈的小康家庭，對父母的管教言聽計從，更是弟弟、妹妹們的表率，成長過程平順，婚姻也是經由媒妁之言、父母首肯後才決定的。

先生和公公是彰化市甚有名氣的牙醫師，受日式教育的婆婆對媳婦要求甚嚴，要她辭去銀行「金飯碗」的工作，回歸家庭，並在先生開立的牙醫診所幫忙洗牙，學習當一名護士。從此，她結束了上班族自在悠閒的生活，回家相夫教子。

因為牙齒的診療相當耗時，身為牙醫的先生，整天只能和病人的牙齒打交道，有時心情難免悶得慌，因此很想培養一些嗜好，作為消遣活動。當醫師友人邀他一同去海釣時，他便欣然答應。

先生曾對洪美香說過：「邊釣魚邊欣賞海景，很令人心曠神怡，而且不必花太多錢，很值得！」剛開始，洪美香也會陪著先生去海釣，但因不忍看魚兒上鉤時掙扎痛苦的模樣。後來即使去了，她也不想下車陪釣，就索性留在車上聽音樂，或乾脆不去，留在診所幫忙處理雜事。

突來噩耗入萬丈　上人地藏悟無常

一九九八年四月，突來的噩耗讓她猶如掉入萬丈深淵，久久無法自拔。先生一早就去海釣，眼見已經早上十點，病患早已前來候診多時，看診的器材也已全部備妥，洪美香卻遲遲等不到先生回來看診，當時身懷六甲的她搭車到海邊找人，心裡也擔憂著：「會不會被綁架了？」

在海邊她詢問一位老伯，老人家說：「先前漲潮時有看到一位少年仔在釣魚，還勸他漲潮了太危險，趕緊上岸去，沒想到不一會兒功夫，人就不見人影。」

聽完老人家的話，洪美香的心裡更急了，望著茫茫大海，心中突然升起一股不祥預感，她趕緊報案，請海防部隊協尋。找了一整天，挺著大肚子的洪美香已經身心俱疲，警方勸她說：「不用找了，無望了！大部分都會沖出外海（臺語）。」但她仍不放棄一絲絲的希望，堅持「活要見人，死要見屍」，也期待奇蹟出現。一段時間過去，海水退潮，大約在五十公尺外海的沙灘，警察通知她找到了先生。一見到冰冷僵硬的屍體，她再也掩飾不了心裡的絕望，對著先生放聲哭喊：「你怎麼這樣狠心丟下我和孩子，將來的路，叫我怎麼走……」再多的難過與哀號，都喚不回先生已經往生的事實。

洪美香本以為自己可以和先生甜蜜牽手一輩子，沒想到，無情的海吞噬掉她的幸福，讓兩人只有短短七年的夫妻緣分。先生往生後的第十八天，她生下了老三。從此，便帶著三名稚子回到娘家，她的父母一直希望她能走出悲傷，重拾歡樂，便鼓勵她尋求宗教上慰藉。

她接觸過基督教、道教、一貫道；直到聽見證嚴上人講述《地藏經》，又看到了《靜思語》，更深切體悟「生命無常」及「行孝、行善不能等」，她決定不再讓父母擔憂，加入慈濟。

放下悲慟學掌鏡　先生遺物發大用

當時慈濟臺中分會文宣組長江美芳，一直鼓勵洪美香提筆，為慈濟留下歷史足跡，江美芳對她強調，「每次活動的精神與主軸，妳本身最清楚！」

鮮少寫作的美香，有些生澀恐懼，推辭回應：「我沒寫過，而且，我哪裡還能再抽出時間寫心得啊！」

「沒問題的，只要把握住方向，人、事、時、地、物五大原則，我會負責幫妳潤稿。」就在江美芳的積極鼓勵下，洪美香交出一篇篇的手稿，有很多都被刊登在《筆耕園地》裡，幾次之後，她就越來越有信心，也養成了寫下活動心得的習慣。

洪美香說：「江美芳師姊是我投稿的啟蒙老師，我覺得身為慈濟人，不需被定格在哪個部分，就如上人推動四大八法，所有的弟子都需涉獵。」

慈濟志業一直往前不斷推動，當時上人開始推動大愛電視臺，因為經費不多、人力有限，所以極需要一群志工幫忙擔任駐臺中記者，從事影視記錄的工作，在不斷的上課訓練中，洪美香希望自己能把慈濟的溫馨記實，以及感人的畫面廣布出去。

「因為家中正好有一臺錄影機，那是先生的遺物，當初那是用來拍攝他釣魚的成果，和我們全家遊玩的紀錄。如今，我認真學習，希望能拿它來發揮效用，進一步運用在記錄慈濟各種活動報導上。」

不往痛處撒鹽巴　安撫傷者為尊重

當時彰化能掌鏡又會寫稿的志工很少，洪美香常常是自己錄影寫稿，之後又馬上開車送到臺中大愛臺；一直到二〇〇一年，為了讓影像畫面更加精益求精，她又陸續換了三種錄影機。

「有一回在臺中活動，臨時要發新聞，我沒帶錄影設備，借來的機器沒有腳架，壓在肩膀又很不穩，我靈機一動，靠在大圓柱找到支撐身體的點，才能順利的完成任務。」

對於搶拍即時災難的新聞，也讓洪美香至今難忘。有一次她接到大愛臺臨時告知，希望能緊急趕到彰化基督教醫院錄影，有間學校因實驗室爆炸，導致許多學生嚴重燒燙傷，被送彰基燒燙傷中心。

洪美香難忘那次的經驗：「我首次與外圍記者一起訪問家長，當時每位家長都很悲傷，記者們還窮追不捨的發問，看了心中實在是很不捨！」事後洪美香問記者：「為何如此狠心，緊迫盯人的問呢？」記者回她：「我們的工作就是幫沒到現場的民眾，了解事實真相，所以都要用盡心思，挖別人不知道的消息。」

外圍記者當時的回答，雖讓洪美香的心中產生了很多的疑惑：「我記得當時上課，大愛臺的講師說：『採訪災難現場，不要逼問受害者，要先安撫他們，讓他們心安，之後再來問明事情發生的經過。』」因為自己是過來人，所以她心裡很清楚明白，該怎麼做才是對受害者最大的尊重。

洪美香發願要當上人貼心的弟子，不管任何活動，只要時間允許，她都會勇於承擔樂於配合。白天參與活動，利用晚上夜深人靜時寫稿，隔天準時交出稿件。勤務多的時候，有時還得同時完成兩則新聞稿。「我督促自己要及時勿拖延，這才是新聞，遇到瓶頸就馬上請教別人。」她說。

她也曾被邀請到大愛臺錄影棚，體驗當新聞主播的經驗。因當時彰化影視志工缺乏，所以她用心學習，累積經驗，認為影視是自己的本分事，所以做得相當的歡喜。幾年累積下來的影視經驗，讓她功力大增。二〇〇〇年初，接到大愛臺授予的「影視志工記者證」，洪美香很感恩自己能得到這份肯定。「其實，我覺得能學習如何為每次的活動精闢的留下大藏經，實在是承擔者的福分。」她說。

轉眼間，洪美香跟隨上人已經二十多年，她很感恩，也把握每次可以參與活動的機會，更珍惜與每個人的緣分，她說：「從自己的心救起，不必去告訴別人『我現在在做什麼』，在菩薩道場多精進，對自己負責並堅定道心，這就夠了！」

（文：邱麗雲、卜堉慈　彰化報導　二〇三年久十二月十四日）

打字員 轉型真善美

美之卷｜林素燦

（攝影：林美瑜）

「什麼都不會的情況下，只要用心學習就沒有學不會的事。」林素燦常常告訴人家，這是做人文真善美志工最需要具備的特質，也是她的經驗談。年輕時的職業是傳統打字員，那個時代並無電腦，如果沒下定決心勇敢去嘗試接觸電腦，用心學習，不會有「長弘企業社」的設立。而且先生不到五十歲猝然而逝，她一肩擔起家庭重任，更是需要這種不畏難的精神，才能度過重重難關……

生命無常　夫妻傷永別

「不要太晚回來！回來也要小心喔！」一九九八年十二月一日是林素燦的生日，傍晚七點半左右，還未打烊的她，忽然接到賦閒在家的先生打來的關懷電話，於是早早收拾好店裡的東西，趕回長治老家。

踏進家門，卻看見先生昏倒在地，臉色發黑，她見狀緊急送醫急救，醫生診斷是狹心症，對於先生的猝逝，彷如青天霹靂，令全家族上下手足無措、悲痛不已。

回想這段從車上邂逅開始的浪漫婚姻，共同育養一雙子女，結褵二十來年相敬如賓的先生就這樣永遠離開她，而叮囑她要早點回家是先生最後的軟言慰語，林素燦做夢也沒想到，這段夫妻因緣，會在自己的生日畫下句點。

大她七歲的先生受過高等教育，是兄弟中最會讀書的一個，那個年代（一九四九出生）能讀到大學畢業的沒有幾個！「先生懷才不遇，那種學歷是可以到中學當老師的。」林素燦提起從前，當時先生有很多同學從事教育工作，但他卻選擇經商，與家世顯赫的同學合夥投資做生意，心思單純又信任別人，導致經營不善而關店，自尊心甚強的先生，不甘心栽在好朋友手中，又背負了一身債務，躲在老家過著借酒澆愁的日子。

排行老么，從小愛寵於一身的林素燦，這樁婚姻卻不受娘家祝福，故在夫家有任何委屈，她絕不回家哭訴與尋求資助。為了養育子女與還債，林素燦積極振作，清晨三點多就起來送牛奶，白天則做些計件的電腦打字工作，一天三份工作維持生活。幸好妯娌相處融洽，可以互相照應，公公則在客廳白板上寫下「早起三朝抵一日，早起三年抵一冬」來鼓勵她。

提起先前辛苦的日子，林素燦嘆道：「怕他（先生）喝醉酒來工作場所鬧，我買房子、開店也不敢讓他知道，他往生前，還以為我每天出門是去上班，直到他的靈車經過店門口，我才對著棺材說：『對不起瞞著你，這間是我開的店。』」

夫逝投入慈濟　展電腦長才

丈夫過世後，林素燦覺得人生沒目標，開始跑道場尋求心靈寄託，有時初一、十五也會去道場做志工，但終究還是得不到平靜的心。

「一九九九年七月在屏東分會後面的椰子園，看見許政瑞老師領童子軍一起帶動兒童精進班的圓緣，發覺佛教也可以這樣活躍，不只是拜佛而已。」當下讓她覺得慈濟就是生活中最貼切與務實的團體，是自己心目中想要心靈寄託的所在，隨後成為兒童班的工作人員長達六、七年，更了解慈濟的精神，終於在二〇〇八年受證慈濟委員。

會電腦的專長是人文真善美團隊最需要的能力，「本來對簡報也不是很熟悉，當人文真善美志工又能從中學習，不但在自己事業上能加分，又有付出的喜悅，都是無法言喻的，真是一舉兩得的事。」林素燦時時知足感恩，樂於承擔屏東分會活動時簡報與海報的製作工作，往往活動結束她才開始要工作，熬夜是常有的事，在工作中感受慈濟人付出的幸福。

事做不覺難　路走不會遠

在屏東分會，每每看到志工湯少藩雖然已八十六歲高齡，但在人文真善美路上比年輕人更加賣力、孜孜不倦，「跟湯爸比起來，我算年輕人，若不積極努力勇猛精進的話，就覺得慚愧，對不起自己的良心。」在別人身上得到啟發，林素燦學習再學習，精進再精進，碰到困境，總以四念處「觀身不淨、觀受是苦、觀心無常、觀法無我」來內化與自我修持。

林素燦把每次的勤務都當成是學習的機會，從慈濟四十週年慶時，協助屏東分會製作海報挑舊相片的過程中，一點一滴了解文史記錄留存的目的。尤其最難忘參加營隊做紀錄的簡報，「要把課程重點與感動呈現在簡報上，無非是要文字與相片相得益彰。」在一次又一次的磨練中，更加清楚知道圖文影三合一的重要性，林素燦散發成長的喜悅。

二〇一二年承擔屏東分會人文真善美合心幹事，林素燦在電腦旁掛著靜思語：「事不做，才困難；路不走，才遙遠。」這句在長治大愛園區抽到的「靜思語」，是她的精神力量泉源，隨時用來對治自己的懈怠心，預防自己做慈濟時會找藉口推託，也陪她度過深夜裡一個人在工作室挑燈夜戰，只為了要圓滿完成任務的時刻。

想當初瞞著家人在外創業，分期付款購買公寓店面，如今不但還清債務，也把兩個孩子拉拔長大。現在，這間店面室內放置幾張長桌與椅子，化身社區慈濟人最佳的教學場所與創作園地；印刷裁下無用的小紙條，成為志工或民眾製作靜思語的最佳材料。而她也總是免費贈送材料給眾人使用，屏東分會的環保講師當作獎品使用的靜思語卡片，頗受參訪學生歡迎，設計者就是林素燦。

平安是幸福　發揮良能不再寂寞

女兒出嫁，兒子在新竹園區工作，林素燦在屏東生活雖然形單影隻，在家卻有忙不完的慈濟事，例如：家訪、兒童班，慈青、志工培訓等等，結交不少志工好友，天天都有慈濟人上門或請她轉交東西，令平淡的生活多采多姿與充實。

每天電腦開機後，她都會轉開大愛網路廣播電臺，「工作中雖然不能很專心的聽，但每天有法語浸潤，總也會滴上兩三滴，不讓佛法離自己太遠。」當會員或客人來訪時，她善用上人法語做法的布施，有時無形中解決了他們的煩惱與困惑，放下心頭的擔憂，帶著愉悅的心情離開，「在家也是可以幫到人」是她最高興的事。

快樂少了親人可以分享，是她的遺憾，林素燦表示，加入慈濟太晚，倘若先生能多活幾年，或早幾年就認識慈濟，有可能勸先生戒酒，邀他一起來當志工，可惜沒有因緣。因此，她常以自己生命歷程中的遺憾與投入慈濟的因緣和歡喜，分享給新進的社區志工，讓她們能夠安心投入，發現慈濟團體的美。

生命無常，每個人都會遇到，是否能在短短數十年間，揮灑生命良能才是最重要，林素燦感恩自己身體健康，能夠付出人身良能，當人文真善美志工為慈濟寫歷史。

「其實人生的苦樂都是由心所造，雖然親愛的先生匆匆往生，我在慈濟菩薩道上有這麼多的善知識與貴人，讓我做慈濟永遠不會寂寞。」天災人禍頻傳的時代，林素燦想到自己可以平安過日子也是一種幸福，期許自己能付出時就要全力以赴，不要猶豫不決，發願生生世世都要跟著上人，絕不離開慈濟這條人間菩薩道。

（文：張玉梅、陳美蓮 屏東報導 二〇一三年十月三十一日）

得失之間 勸轉心倫

美之卷

李佩倫

李佩倫（圖左一，攝影：曾芳榮）

李佩倫不發一語，潰堤的淚水淹沒蒼白的臉，先生陳建良在一旁緊抱懷裡的孩子，輕輕喚著：「爸爸回來了，回來了……」她直愣愣看著才剛滿百日的女兒，已經一動也不動了。

二〇〇五年三月二十一日，李佩倫初為人母，根本不清楚發生了什麼事，保母突然發現女兒沒了呼吸。原該解剖屍體求證死因，但她不忍再讓孩子受第二次傷害，與家人商議，選擇原諒保母的疏忽——驅使她做出這個決定的關鍵，是盤旋在她腦海裡的那句話：「凡事留一條路給傷害你的人，能夠原諒別人最幸福。」

別人做錯事　要給機會改

她好像回到小時侯，黏在媽媽身邊，聽著一句句做人的道理。有一次，隔壁的獨居老人說想回大陸與鄉親見面，但是欠缺經費，母親得知即借出辛苦錢成全此事，事後竟發現被騙了，而母親沒有一句埋怨，卻說：「錢雖然難賺，但還可以再賺；別人做錯事，要給別人機會改過。」母親以身示教，深深影響她的人生觀，也植下善的種子。

孩子驟逝，李佩倫除了哭，每天就在佛堂前誦經禮拜《觀世音菩薩普門品》，她念著：「汝聽觀音行，善應諸方所……心念不空過，能滅諸有苦。」這一句，她停頓下來，生起一個念頭，想以齋戒為孩子積福。慈濟志工前來為孩子助念，志工許惟村撫慰說：「齋戒可以廣結善緣，虔心祝福孩子與大眾結善緣……」這正是佩倫想做的事，當下捐出善款，也啟動加入慈濟志工的因緣。

她深感人生無常，要把握機緣做對的事，於是參與慈濟志工培訓，一年的學習過程中，才真正將做人做事的道理運用在生活中。因為接觸慈青，才了解如何與孩子互動，透過訪視獨居長者，才學會如何關懷長輩。二〇〇六年受證委員後，她迫不及待希望每個人都能進入慈濟大家庭，因此積極承擔見習志工的活動，陪伴新進志工學習。

加強團隊合作　靜思語為靈感

先生陳建良在二〇〇三年受證慈誠，李佩倫雖比先生晚了好多年，但夫妻同行菩薩道，是她重要的精神支柱。在活動中，她曾聽聞一句傳言：「三合一志工都只記錄有頭有臉的人……」她心生疑竇，想要了解人文真善美功能組，究竟是做些什麼？

二〇一〇年參加人文真善美通識課程，李佩倫不會攝影，也不會照相，所以選擇參加文字志工，但是報名後即刻後悔：「我真的可以嗎？以前讀書成績都是班上倒數幾名……」她暗自低語，然而另一個念頭隨之而起：「只要每次進步一分，總有一天可以進步到一百分的。」她自我期許著。

上課後開始分組，團隊實作需要先確定採訪主角，李佩倫那時才清楚這並非易事，除了要用心記錄採訪對象，還要撰寫企畫案，經過團隊討論達成共識，再安排時間共同出班。資深志工曾芳榮一旁耐心陪伴，細心解說每個細節，並傳遞一個很重要的觀念，就是團隊合作。

她在團隊合作下，完成作品，以「施比受更有福」為主題，獲得當年度專題影片文字組第三名的獎勵，這對她是重要的肯定。每當不知該如何下筆時，閱讀《靜思語》是她的靈感來源，不但是寫作的重要資糧，經過法水的洗滌使心念更為清澄。

理解當事人　同理傳美善

她參與活動記錄，即使忙到很晚，還是法喜充滿，因有許多志工陪伴的力量。同為北區真善美志工的曾芳榮時常鼓舞佩倫，他的右眼開刀失敗導致失明，靠著弱視的左眼，照常承擔許多活動的拍照記錄，並用心傳承經驗，以身作則的精神是引領佩倫前進的動力，更見證到慈濟人付出無所求。

李佩倫想起剛加入慈濟大家庭時，只是配合參與活動，從來不清楚每個活動的意義，有時間就參加，活動結束就馬上離開。有時跟著資深志工一起去關懷獨居長者，她也是默默坐在一旁，不懂體會別人的心情。自從承擔文字志工後，經常需要採訪人物，為了理解當事人的分享，才開始學習如何提問題。這樣的成長讓她體會到同理心，會從不同的角度去看待每件事。

二〇〇九年莫拉克颱風席捲臺灣，臺灣南部受災嚴重，這些年來，慈濟人除了建造大愛村，也一直陪伴小林村的居民走出悲傷。佩倫凝視著電腦螢幕，點閱《慈濟全球資訊網》的志工足跡，一篇篇故事、一張張照片，有膚慰的擁抱，有感恩的淚水，這些動人的點滴記錄，激起她內心的漣漪，才真正體會到身為人文真善美志工的意義與使命，傳遞著人世間的真善美。

李佩倫懺悔當初對人文真善美的誤解，由於團隊的用心，使她更不敢鬆懈，在每次活動後，都盡力完成文稿與整理圖像，將慈濟轉動法輪的足跡給留存下來。她感覺獲得的比失去的還多，就如她的法號「心倫」一樣，時時心存善念，將法水滲入心輪，她的心更平靜、更透徹了。

（文：李心倫 臺北報導 二〇一三年十月二十八日）

使命必達 軍官本色

美之卷

鄭麗美

鄭麗美（圖左一，攝影：蔣萌）

「妳剛從四川關懷團活動三十六天回來，真的很幸福。來！這條佛珠、圍巾、紅包拿回去送給婆婆，這是師父要感恩她，讓妳出來做慈濟……」鄭麗美從證嚴上人的手中接下了祝福，熱淚盈眶、感動滿懷，感恩之情油然而生，滿心感恩婆婆的愛護和支持。

舊傷復發　忍痛完成

二〇一三年七月的四川慈濟人文交流，麗美承擔文字工作的任務，先在桃園行前總集訓三天後才出發到四川。到了當地，各功能志工都來自不同的地方，每個人都放下身段、縮小自己，同心圓滿所有的事情。

本著「今日事、今日畢」的工作決心，每天晚上麗美和簡淑絲兩人負責的工作日誌都忙到三、四點，「送走月光，迎接晨曦」，五點多又起床開始忙碌的一天。

白天在廣闊的活動場域，還得常常爬山，也得幫錄影志工陳添富背錄影器材，繁忙緊湊的行程，幾乎沒有休息的時間，幾天下來，舊傷復發，腰痛得不得了，漸漸的腳也不能走了。然而麗美還是堅忍完成工作，回到臺灣才接受治療。回想差點成了「跛腳」，仍然堅持完成任務，不辱使命，也為自己留下了一段精采的人生過程。

多次流產　憂鬱煎熬

畢業於政治作戰學院的鄭麗美，主修聲樂副修鋼琴。一畢業就分發到海軍第一造船廠，擔任政戰參謀官，負責政治、服務、文宣等事情，也包括軍中政治教育推展、定期重大節日活動企畫、軍中福利事宜；以及對外圍鄉鎮民眾義診、急難救助、冬令發放、合唱團訓練等等均參與其中，軍中種種的磨練，養成她傲氣十足、頤指氣使的習性。

一九八九年，麗美遭受父母親重病和車禍無常的衝擊，她選擇躲避傷痛，又為了婚姻選擇退休，完全拋棄軍官的光環。

上尉參謀官退休後，同年結婚，本想安分做個單純的家庭主婦，生個孩子、照顧公婆、照顧先生，每天洗衣、燒飯、打掃家裡，為家人送便當，幫忙看店為工廠做事就好。

但事與願違，新婚不久，第一胎小孩出世備受寵愛，第二年想再生第二胎，想不到從此就備受煎熬，每兩年一次的懷孕都遭遇流產，歷經九年，五個胎兒都六、七個月就不保，身心飽受摧殘，憂鬱的心理輾轉成為一股龐大的壓力，每天鬱鬱寡歡，讓家庭氣氛變得沉悶難受。

明理的婆婆看在眼裡，除了安慰也有更多的鼓勵，漸漸地，麗美才開始陪伴孩子踏入校園走入人群；但是心理上卻有嬉戲人生來發洩情緒的傾向。常常放縱自己跟朋友逛大街、吃大餐、每年出國遊玩，或是參加婦女會、同濟會社團、合唱團唱歌表演……過著貴婦般的生活，讓自己不再為傳宗接代束縛住。

加上先生工廠生意興隆，讓她可以過著悠遊自在的生活。所以當時雖然知道苦難的人很多，但一直覺得自己不會像他們一樣，沒有一絲絲的憂患意識。

走入慈濟　返璞歸真

不過，追求表面的輕鬆快樂，終究是短暫且不切實際的，反而會造成內心更多的矛盾和空虛。二〇〇四年，當孩子上了國中，麗美有了更多的空閒時間，此時有位學生家長給了彰化靜思堂的電話，於是麗美就主動打電話，詢問是否有文宣的工作可做。三天後，文宣幹事林秀幸就打電話邀請見面詳談，從此就和慈濟結下好因緣，開始積極參與慈濟活動，憂鬱的人生也漸漸轉變為得開朗。

林秀幸把握好因緣，積極的幫麗美報名社區志工、「三合一」志工培訓、大愛媽媽共修學習。這段期間不管社區或慈濟分會的活動、慈濟大學彰化社會教育推廣中心的課程、社區歲末祝福等，麗美都參與出班承擔文稿。

由於在軍中工作的歷練，承擔各項事情更得心應手，也讓她快速地了解慈濟四大志業、八大法印的足跡，以及正在推動的事項。而且在參與多樣的社區活動中，從中得以充實精神理念，印證上人開示的道理。因此只要時間允許，她一定全力配合，所以有個稱號叫「好好小姐」。

守住本分　就無難事

行入慈濟以來，從不會打字到文稿上傳、三合一（文字、照相、錄影）活動企畫、影片製作企畫、大藏經上傳，從文字到影音剪輯，麗美全心投入，無不學習；在人文真善美團隊運作中，學會縮小自己，在專業領域中也認真地不恥下問。

「影片製作最重要的是電腦『儲存』，一定要邊做作邊儲存，不然妳忙了一整夜就做白工了。」資深影視志工鄭清秀教導她影片剪輯，重點提醒該注意的細節。

「妳要引導受訪者說出他的想法及感動點，而不要問：有沒有、是不是、要不要⋯⋯」第一次出班時，方水清教她採訪的技巧，透過各種採訪上的引導，直接感受到對方受訪時的歡喜，敘述著諸多往事彷若昨日、歷歷在前。

「文字工作者要報真導正，要很客觀真實的記錄人品典範，從中修正自己。因為採訪讓我學會感恩、尊重和愛。而人文真善美和傳播緊密結合，所以必須不斷學習精進再精進。」

見苦知福　釋懷過往

尤其在訪視過程中，麗美經常主動記錄和拍照；在訪視時看盡了人生無常，當福享盡業力現前時，苦難就來了。看到有人罹患憂鬱症走不出來，有人因為單親或家暴而生活困苦，以及老者孤苦無依等境況，就這樣在訪視中見苦知福，也慢慢改變了自己的習性，讓自己的生活轉為簡樸。

同時體悟到因緣果報的道理，就要用心種好因，為未來的人生寫下好劇本；回首以前孩子流產的傷痛，終於漸漸釋懷了。上人說：「以善破千災，用愛招吉祥。」因此她發願，要盡形壽、獻生命在慈濟勤耕福田。

現在麗美持續用鍵盤傳遞人間的美善，為時代做見證，為人類寫歷史，為慈濟寫大藏經，期許自己能用文字般若供養上人。

（文：謝玉珠　彰化報導　二〇一三年十一月二十一日）

菩薩張眼 照見自性

美之卷

莊慧貞

（攝影：張清文）

「師兄，不好意思！你們一月份的五合一資料整理好了嗎？麻煩您……」承擔合心圖像組的莊慧貞，三年來每星期總會抽一、兩天的時間，到高雄靜思堂人文真善美辦公室，整理著高雄三十九區回存的檔案資料。

過程中她常得中斷工作，撥打電話給資料回傳不完整的社區，提醒大家盡快將資料回存。這份耗費心神的工作，曾讓她充滿挫折與無力感；然而只要想到當初為什麼獨鍾人文真善美這個功能？她就會調整心情重新振作起來……

暗夜裡一把無情火

三十五年前的一個夏夜，澎湖的小漁村萬籟俱寂，六歲的莊慧貞與父母及四位妹妹擠在大通鋪熟睡著，忽然被驚恐的叫喊聲及銅鑼敲打聲驚醒，在全家人還搞不清楚發生什麼事時，有人在窗外高聲喊著：「萬仔！不好了！你的漁船被火燒了……」揉著雙眼一臉睡意的她，還搞不清楚發生什麼事？即看到父親從床上跳起來衝出家門，她也馬上跳下床，跟著跑了出去。

「阿爸！阿爸！等我！」那一夜，她緊跟父親身後，奔跑在被大火染紅的夜空下，當父女倆先後到達岸邊時，漁船大火還在霹靂啪啦熾烈地燃燒著；暗夜中，狂亂奔跑的人影、尖銳的喊叫聲、刺鼻的煙塵，在她的眼前交織成一幅如地獄般的景象。

儘管大家努力救火，二十分鐘後，漁船仍被大火吞噬。

「萬仔！船沒了，你要看開一點！」父親的幾位朋友拍著肩膀安慰他，而他卻只是默然地看著被大火焚盡的漁船，漸漸斜傾沒入水中。沒多久村民漸漸散去，父親還是一動不動地呆立岸邊，她擔心得一步也不敢離開，靜靜地拉著父親的大手，直到海平線上露出一道光芒，天際由灰濛濛轉為光亮。

生離死別　天倫夢碎

船燒了，斷了全家的生計，更糟糕的是債主天天上門。她還記得那段日子，每每夜裡躺在大通鋪上，都能感受到父母親翻來覆去的身子，和充滿憂心討論負債的竊竊私語，生活的壓力，讓全家陷入愁雲慘霧中。

因家中經濟困頓，父母親決定將三妹慧鋒送人做養女；身為長女的她，雖然百般不捨，但也只能眼睜睜地看著陌生人將妹妹抱走。之後幾年家中經濟還是不見起色，母親隻身離家到高雄賣菜做生意，卻也因此與父親感情漸漸疏離，最後走上離婚一途。

父親當臨時船工出海打漁，家裡就剩下年邁的祖父及她們五姊妹，或許害怕妹妹再因家貧被送走，小學四年級的她，下完課做完家務，總會跑去鄰家幫忙挖貝類、曬魚乾，打工賺錢貼補家用。有一天她亦如往常般，出門前交代妹妹要乖乖的待在家裡，誰知道一小時後，卻有人驚慌地跑來告訴她，妹妹掉進井裡了！

「妳是怎麼當姊姊的？」「怎麼照顧到讓妹妹掉進井裡淹死？」左鄰右舍的交相責難、父親哀痛的啞然無語，讓十一歲的她不知如何自處，萬分自責，她常對自家案上菩薩詢問：「是不是我不好？所以老天爺要這樣……」

然而，無常並不止於此，卻是一波接著一波洶湧而來。父親急於改善家中的經濟，跟別人合夥做生意，反而遭到朋友的侵吞，除了造成家中更大的財務缺口之外，還得入監服刑。國中一年級下學期，莊慧貞和二位妹妹就在毫無準備的情況下，被送進仁愛之家生活，這讓原本就非常自卑的她，更加封閉自己。

受人點滴　湧泉以報

那段時間，每逢假日莊慧真會帶著妹妹至監獄農場與父親見面，父親總是一而再、再而三地叮嚀她：「妳們乖嗎？在那裡要聽話喔！」「讓人家幫助，並不是什麼見不得人的事，但是我們要記得這份恩情，以後有機會要回報……」雖然父親身繫囹圄，但是她覺得能這樣陪著爸爸在農場裡除草、整理田地、採摘蔬菜，已經是天大的安慰與滿足。

在仁愛之家裡的孩子們，幾乎都有屬於自己的故事，不善表達的莊慧貞總是跟大家保持距離。有一天，院裡大姊姊問她：「要不要跟我去寺廟走走？」她點了點頭就跟著去了，就在那一夜，她皈依佛門；後來只要得空，她就常往寺廟裡跑，「我喜歡寺院裡的清淨，看到師父們清修的生活，我好羨慕，也動了出家的念頭。」只是，父親龐大的債務讓她無法這麼做。

兩年後父親出獄了，但因經濟狀況不佳，她與妹妹還是住在仁愛之家裡。國中一畢業，她立即留書給父親，一個人偷偷地跑到臺中工作。「我只想趕快賺錢，幫忙還清家裡的債務。」父親雖然不同意她這麼做，但也莫可奈何。當莊慧貞能自立及行有餘力時，即開始捐款給慈善團體，因為她將父親的話深記於心——「受人點滴，當湧泉以報！」

往後幾年，她們姊妹陸續成長，家中的經濟也漸漸獲得改善，而她也在父親的祝福下成家；本以為一切將會順順利利，沒想到此時父親卻得了肝癌，很快地就撒手人寰。

「阿爸有一些『手尾錢』，我們就將它捐出去？」父親往生後，姊妹間討論著。「阿爸是因病往生，有一位師父在蓋醫院，我們就捐到那裡，好不好？」姊妹中有人提議，最後她們決定將父親的「手尾錢」捐給一個叫「慈濟」的團體。

行經出離痛苦深淵

父親的往生，讓莊慧貞數十年埋藏在心底的痛，瀕臨崩潰邊緣。她完全無法抽離，輕生的念頭也逐漸高漲，唯一支撐她活下去的原因是：「孩子還小，我不能讓他們和我一樣，在一個破碎的環境下成長。」於是，她積極跑道場、參與法會、研讀佛書，藉此慰藉自己心靈的傷痛，也希望從中找到生命的答案。

「白天我聽經聞法，並向佛菩薩祈求；但夜裡我卻是抱著父親的相片悶聲落淚，並以紙筆寫日記與父親對話。我沒想到這樣的日子，一晃眼居然長達八年，直到再次遇到『慈濟』。」

一次偶然機會，莊慧貞認識了慈濟志工俞梅玉，在師姊的帶領下，她開始閱讀證嚴上人的《靜思語》，當她看到「菩薩不是土塑泥雕，而是眼前當下的你、我。」及「集合五百人就是一尊千手千眼觀世音」這兩句話時，當下有如棒喝。她開始試著走出家門，參與慈濟的活動，二〇〇六年更在志工的遊說及自己的興趣下，投入人文真善美拍照工作及參加慈濟志工培訓。

「以前我只會在佛前求，甚至怪菩薩不張眼，沒看到世間那麼多苦難！」加入慈濟後，她透過相機的觀景窗，看到許多人在艱難的環境中，仍努力力爭上游地生活著；她也從訪視中走過他人貧病的生命，發現原來自己的苦不算什麼。尤其是參與二〇〇九年莫拉克風災重創南臺灣後的救災工作，讓她感受更深，因為參與災區的記錄工作，她看到志工們不畏塵埃日曬，在惡劣環境下協助鄉親救災、打掃，讓她體悟到在別人痛苦時，能伸手扶人一把就是聞聲救苦的菩薩。

見苦知福　勇承使命

菩薩不是遠在天邊，而是能照見清淨的本性，自己就是菩薩，就可以發揮救人救己的功能。人間菩薩終於張眼，在這樣的學習中，她惶亂不安的心有了依歸，進而走出過去的傷痛。證嚴上人說：「人人都是一部大藏經。」莊慧貞在參與人文真善美中領會其中真義，因此，她非常用心於每一次的記錄。

一年多前的中秋節前夕，她參與了日本三一一震災慈濟第五梯次見舞金的發放活動，當看到災區在地震、海嘯後六個月，仍是一片殘破。在簡陋的發放現場中，她感動幾個簡單的遮雨棚，幾根旗幟與發放物資，就如同一個移動式的「大雄寶殿」，即時提供給受災民眾物質與心靈上支持。

原來道場也在心靈中，隨著愛心和需要，可以無處不在。接著在後續的家訪過程中，受災鄉親阿部幸二的遭遇，更讓她深切感受到和他比起來，自己的孤單與痛苦真的算不了什麼。

「中風讓他行動不便，多年來照顧他的母親也在這次海嘯中離他而去，頓失依靠的他，依然努力地活著……」回憶當時的情景，莊慧貞微微一笑說：「比起一無所有的他，我至少還擁有家人滿滿的愛。」

同年的歲末年終，莊慧貞再次參與河北省的冬令發放，偏鄉貧瘠的物質環境，讓許多人勞苦終生還是無法三餐溫飽。她回首自己的過往人生，縱使坎坷，至少也算是衣食無缺。

莊慧貞從過去閉門讀經，到現在走入人群，就是因為參與人文真善美志工，讓她的人生就如倒吃甘蔗般，漸漸回甘。

現在她所從事的工作，就是整理好志工拍攝資料，事情雖然繁瑣，但只要想到這是一群有心人付出的心血，她就能安住身心做好這份一般人難以耐煩的工作，她雲淡風輕地說：「或許是我跟佛有緣吧！佛教經典在我最苦悶時慰藉我的身心；而現在我所整理的每一個影像、每一段文字，也帶給我不同的生命資糧。」

她期許自己能將這些「如是我見」的圖、文、影音資料完整地保存下來，讓這股善的力量影響更多人。

（文：胡青青 高雄報導 二〇一三年四月十二日）

原來幸福在身邊

美之卷｜唐江湖

（攝影：傅玉女）

「真的？還是假的？不會做戲給人看的吧？又不是親人或認識的人……」唐江湖看著電視螢幕上，那一群藍天白雲的志工參與救災的身影，一臉不相信地說著；因為這些畫面，完全顛覆他近六十年的人生經驗。

也是因為好奇與質疑，讓他以試探、找碴的心理，開始參與慈濟的活動，並投入人文真善美的記錄，八年時間過去了，不管是志工的人生故事，或是像卡玫基、莫拉克風災等重大災難的記錄，都讓他的心有了不一樣的轉變，他懺悔地說：「以前對生活總有許多抱怨及不平，現在看看別人，想想自己，原來幸福一直在我身邊。」

叛逆作為　只求被關注

「你們在幹什麼？」一聲斥喝，小學四年級的唐江湖跟幾位同伴，下意識地將手上的菸一丟，隨之拔腿像鳥獸散似的往巷弄中跑，緊追在後的人，拉開嗓門喊著：「麥走！（臺語）我認得你們，你們跑不了的，回頭跟你的父母說……」

在那民風保守封建的年代，他的母親是父親的續弦，受日本教育的父親對待子女態度嚴肅，平日也難得跟他說上兩句話，加上同父異母的兄弟們比他年長許多，且分房分桌吃飯彼此少有互動，親人間的疏離情感，讓唐江湖覺得不被關愛及忽視。

天暗了，在外遊盪了一下午的他，最後硬著頭皮回家，沒意外的父親坐在正廳等著他，當他一踏進廳堂，父親看了站在一旁的母親一眼，隨即冷冷地說：「你！才十歲的孩子，就跟人家學抽菸、翹課……」一個多小時的責難與教訓，唐江湖並沒有因此難過或懊悔，反而有點沾沾自喜，因為他的行為，已經引起父親及家人的注意。

上了中學之後，打架鬧事更是家常便飯，也養成他放蕩不羈暴躁的性格。完全不受拘束的他，高中一畢業，就迫不及待地離開家，將近一年多的時間，完全沒跟家裡聯絡，直到在街上遇到同學提及接到入伍通知一事才匆匆趕回家。

飄泊的心　不信人間有真情

一直是家人眼中的頭痛人物，唐江湖為了證明自己的存在，總是這樣告訴自己：「我一定要靠自己的力量，闖出一番局面。」

退伍後，他馬上跟著朋友北上學習報務工作，在家人完全不知情的狀況下跑船去了。雖然在過程中，經由親友介紹結婚成家，但他的心也像他的工作一樣，四處游移飄泊靠不著岸。

「你難道不考慮換工作嗎？」在一次下船返家休假時，他的太太忍不住問了這句話，當下他心想：「這份工作待遇還算優渥，幹嘛換工作？」本來想脫口而出的質問，到嘴邊又忍了下來。

接下來，太太的一句話重重敲在他心上：「孩子大了，我管不動了，你不幫忙，我怕……」一直以來，他都知道自己是讓父母擔心的孩子，曾幾何時換他得憂心孩子成長的問題，不想在孩子成長過程中缺席，最後他決定辭去跑船的工作，跟著岳父學做饅頭，開起饅頭店營生。

或許不受拘束自由慣了，不善溝通的他，常因一些瑣事而勃然大怒，拍桌子甩門而出，更是常有的事，妻子與兩名子女也只能默默忍受他的壞脾氣。直到有一天，無意間看到電視播放著一群藍天白雲的志工參與救災的身影，一臉不相信地的他，自言自語地說著：「真的？還是假的？不會做戲給人看的吧？又不是親人或認識的人……」

布施培福　法入心田啟良能

因為好奇及不可置信，他開始固定收看大愛臺的頻道，同時也生起想認識「慈濟」的念頭。有一回他上雜貨店買菸，發現老闆的女兒是慈濟志工時，他開心跑回家中，興奮地跟妻子說：「我找到了！我想去看看慈濟到底在做什麼。對了！什麼是『會員』啊？」妻子卻笑著對他說：「你已經是十幾年的慈濟會員了！」

幾天後，旗山區慈濟志工施家亨即開始帶著他參加活動，在參與過程中，唐江湖也直率表示：「我只是來看看的，你們是不是跟電視演的一樣？」對於他的質疑及試探，志工完全不以為侮，並熱心地提供一本本證嚴上人的著作讓他閱讀。

唐江湖從小就認為自己不是讀書料，卻對上人的《衲履足跡》非常有興趣，尤其是上人說的「普天三無」，他時時都可以從慈濟的活動及訪視個案件中得到印證。

二〇〇五年他毅然決然地參加慈濟志工培訓，並在同年投入人文真善美的記錄。他回憶說：「那是一個颱風天停電的夜晚，一片漆黑中，志工點著蠟燭如期做著人間菩薩招生的愛灑茶會，透過燭光我看到每個人臉上的虔誠……」那個畫面深深感動他，但現場卻沒有人做記錄，當下即決定參與人文真善美的研習。

專注學習　樂擔傳法使命

為了做好記錄這件事，他一口氣花了五萬多元添購相機及相關器材，學拍照技巧與構圖，只要多累積經驗就會上手，但對電腦白痴的他來說，敲著鍵盤學打字才是大考驗。「ㄅ、ㄆ、ㄇ……嗯，是三聲，還是四聲……」他吃力地拼音，國語發音不準外加「一指神功」，往往折騰了三、四個小時，還是無法完成照片圖說的工作，他每每做到搥胸頓足，卻從沒放棄的念頭。

就因為這樣，其他志工曾建議：「何不用手寫板來輸入？」他嘗試了幾天，最後決定還是逐字敲打鍵入文字，他的理由也算是對自己的要求：「如果一直依賴手寫板，我就永遠學不會打字。」

除了學習的堅持，當他騎著機車穿梭在旗山大街小巷賣饅頭時，只要有空檔，不管大人、小孩，他都會努力地勸募及宣揚慈濟。在他勸募的過程中，還會適時的灌輸孩子們盡孝及上進求學的觀念，許多孩子受到他的啟發，紛紛捐款行善並加入慈濟會員。

他由感而發地說：「孩子心念是單純的，你給他好的觀念，他就會有好的改變，有時候甚至會影響一整個家庭。」唐江湖覺得傳善法的方法很多，投入人文真善美記錄人間美善是其一，除此更要善用各種機會宣揚慈濟，讓善的力量能共聚。

無常示現　全心付出得福慧

凡事好強不認輸的他，卻在二〇〇八年卡玫基颱風來襲後，有了不一樣的改變，他感慨地說：「以前我都覺得『人定勝天』，但面對大自然反撲時，人卻是如此不堪一擊……」參與緊急救災記錄時，眼前所熟悉的家鄉景色，在一夕間全變了樣，如巨龍翻騰的楠梓仙溪，摧枯拉朽般毀壞沿路橋樑及建設，以往青翠的山體，在風災過後，裂出一個個夾雜泥流的大口子，隨之而來人命、財產的損失更是讓他心疼。

他慶幸自己能有機會，為災後的重建工作付出一點心力；但一年後的莫拉克風災，卻帶來更椎心刺骨的傷痛。當小林滅村的消息傳來，他坐在電腦前，看著去年救災及打掃時的一張張照片，淚水模糊了他的雙眼，但腦中的記憶卻是如此清晰，他喃喃地說：「怎麼會這樣？怎麼會？」那分悲傷，催化著他更用心於救災及記錄的工作。

「老闆，你今天又不打算開門做生意？」看到唐江湖一身裝備準備出門，客人忍不住問；他只能笑著回說：「歹勢啦！」從莫拉克風災後，他的饅頭店常常關門沒有營業。去年參與卡玫基救災時，他就曾考慮結束饅頭店的生意，到莫拉克風災後，這個念頭就更堅定。

當時因援建杉林大愛永久屋，而常往返高雄、花蓮兩地的營建處副總林碧玉，曾擔心地問：「你這樣，生活沒問題嗎？」他爽快地回說：「只要省一點，沒有太大的問題，況且我只聽過『貪死』沒聽過『餓死』的。」

因為加入慈濟，在佛法的浸潤下，一直以來，唐江湖的暴躁有了改變，他不再動不動就跟人惡言相向，其中感受最深的就是家人，他的妻子說：「以前脾氣說來就來，誰也壓不住，現在不一樣了。」

他想起以前對家人的不諒解及荒唐過往深感懺悔，而人文真善美的功能，讓他看盡「無常」的示現及人間至情至性的美善，他感謝老天爺對他的眷顧，更感恩妻子二十年來默默地為他植福。他體悟地說：「以前對生活總有許多抱怨及不平，現在看看別人，想想自己，原來幸福一直在我身邊。」

（文：胡青青 高雄報導 二〇一三年一月二十八日）

帶著菩薩印記

美之卷｜張小娟

（攝影：蕭智嘉）

「小娟師姊，你現在能馬上趕來外溪洲環保站嗎？一位文字新芽要請你帶領一下。」記得四年前外溪洲環保教育站學童參訪，第一次出班做文字記錄的何淑麗相當緊張，完全不知要如何採訪，這時志工汪秋戀已經看出這顆新芽的生澀，趕緊打了一通求救電話，就是這通電話開啟和張小娟結下的好因緣。

初見面，那豐腴的雙頰、圓圓的臉蛋，加上淺淺的雙下巴，有著親切的笑容，讓何淑麗頓然感到得救了。但讓她震驚並留下深刻印象的竟是她臉頰上那深紅色的胎記，掩蓋了秀麗的半個臉龐，像是在告訴別人，她是一位勇於面對異樣眼光，坦然面對人生的人；爾後，與張小娟相處的過程中，何淑麗發現，這確實是她所認識的張小娟。

志工初體驗　歡喜入慈濟

一九九六年賀伯颱風來襲，也為嘉義朴子地區帶來重大的水患災情，當時全家都已多年是慈濟會員的小娟，也在慈濟志工的邀約下，一起為朴子地區受災民眾製作熱騰騰的便當。

當時小娟首次親身參與志工的付出，發現原來幫助別人是一件那麼快樂的事。原本只從報紙得知慈濟是行善團體的印象，因為實際的付出，進而更加憧憬也更想成為其中的一員，因此她和媽媽一起報名，正式參與志工的行列。

施比受更有福，手心向下是有福的人，反省人生的不如意，小娟感恩自己走入慈濟，一路走來總是向前看，要往好處想。要如同向日葵具有一顆如太陽般明朗、快樂的心，以勇氣與毅力，做一個付出無所求的人。

急難關懷　感動的一刻

二〇〇三年嘉義縣太保市化工廠發生爆炸，當時天氣很冷，小娟臨時被指派到醫院做記錄，這是她第一次跟志工到醫院關懷。

她見識到臺灣媒體搶新聞的景象，以及被不同宗教信仰體系的醫院，阻隔在外，當時她和訪視志工在醫院外面，吹著強烈的冷風將近半個小時，屢次溝通仍不得其門而入。

當時小娟穿著的是社區志工的衣服，還看不出是藍天白雲的志工，資深志工靈機一動，向院方說背著相機拿著筆記本的小娟是「記者」要進入採訪，院方才放行，志工也趕緊搭上順風車，才能一起跟著進入。

小娟看見現場訪視組志工，親切握住滿臉傷痕的傷者，說著：「不怕、不怕，現在已經很安全的在醫院裡，醫生、護士都盡心盡力在照料著，一切一定沒問題，安心休養不用擔心……」等等的互動，看到血流滿面的患者，志工輕柔細語感同身受、關懷傷者，這才知道志工關懷的目的是為了要讓傷者心安。

傷患躺在病床上，即使是身體疼痛，心裡的感受卻是溫暖的。人間有愛好美！醫院裡的情景一直刻畫在小娟的心坎裡。那天吹了冷風回家後，雖然感冒發高燒躺了幾天，但是那一幕仍舊在內心迴盪不去，讓人覺得一切都很值得。

持上人的法　做就對了

現在小娟一路走來十多年了，也從剛開始的環保志工轉為人文真善美，想起剛開始做環保時，身上的皮膚總是明顯地出現紅疹與發癢，因為當時的資源回收大部分是垃圾，身體原本就受異位性皮膚炎所擾，所以每次做完分類，回家就要找醫師報到。

正當為做環保志工的考驗所苦時，同時間小娟也參與社區手語隊，走入護理之家關懷阿公、阿嬤們。由於社區的志工多數年紀比較大，幾乎都不會用電腦，小娟從學校畢業不久，會電腦操作，於是在志工謝惠芬牽引下走入人文真善美志工的行列，開始為社區寫文稿、拍照記錄。

在人文真善美這個區塊，小娟不僅拍照、寫作，一路從基礎課、通識課到新聞採訪高階課一一學習，還回花蓮本會學習美編。從此展開人文真善美志工歷程，上人言「用心就是專業」，從門外漢邊做邊學，雖不是專業，但小娟總抱持著「做中學、學中覺」，只要是好的、對的、能為人付出的事「做就對了！」

經驗累積多了，她總是鼓勵著新芽志工，有機會就要把握因緣，參與慈濟的各種活動，入寶山要懂得尋寶，多元而且多彩多姿的人文志工，藉由採訪看到數不清的人品典範，可以體悟更多、感受更深。

因為人文真善美志工的緣故，讓小娟有機會走入社會的暗角、深入多元社會的另一面，見苦知福，記錄人生悲歡離合，也為黑暗寒冷的道路上點燃溫暖的一盞燈。

寫作遇瓶頸　上課求突破

十年來小娟不曾中斷記錄的工作，除了為慈濟寫歷史，更為歷史做見證，她也勇於分享自己，雖然有時也有走不出來的瓶頸，總是依循著證嚴上人的靜思語：「讚美當警惕、是非當教育、嫌棄當反省、錯誤當經驗」來提醒自己。

有一年小娟的寫作面臨瓶頸，寫了整整一年，文章一直無法在網站上被公開，因此也讓她嘗試用各種方式寫作。一場同性質的活動可以有多種寫法，那一整年的歷練，又參加花蓮本會黃基淦老師所教授的慈濟人列傳課程，才發覺原來自己真的對寫作磨出興趣來。

小娟的寫作方式，不用錄音筆，而是很認真、用心的聽與觀察受訪者的一言一行，每一次參與活動記錄，都能與人文真善美夥伴一起在影音、圖、文三合一的搭配下，因為長期合作而培養出默契。

雖然還是上班族的小娟，總是把「休假日」當「修行日」，承擔任務必定使命必達，為人間的美善，留下真實美好的記憶。

從採訪中，看到很多志工的人生轉折歷程，小娟深深覺得自己是幸福的。擔任人文真善美志工期間，和許多不同社區的志工，結下無數的好善緣，一路走來收穫最多的總是自己。

善的印記　警惕自我

對小娟來說，自從娘胎出生左臉上就帶著與生俱來深紅色的印記，她覺得如玫瑰般色澤的胎記，既不用標新就已立異，從小她就不願做一個突出的人，寧願選擇在人群中與大夥兒一起，是朋友眼中講義氣的人，但是這個印記卻很難不被發現。

翻開記憶中的寶盒，小娟曾經為了臉上的胎記尋訪名醫，二十多年前當臺灣引進第一部染料雷射機器，年輕時的她成為實驗對象，做雷射治療時圍著十幾位穿著白袍的實習醫生，看著主治醫師在胎記又稱微血管瘤上打著脈衝光，雖抹麻藥但強烈的刺痛仍在她臉上淌著兩行熱淚。

實習醫生忙著為她拭去淚水，陸續做十多次的治療，花費超過二十萬元，但左臉仍舊依然故我的回覆原狀。經過十多年醫療越來越普及，染料雷射卻成為美容界的新寵，不斷有朋友告知「小娟！很多人都醫好了，妳為何不去？」「而且現在一點才十元，很便宜」。

而當時小娟臉上常長痘痘，一不小心摳破，連帶靜脈瘤也跟著出血，鮮血總是不斷地涓滴而下，很不容易止住，於是在科技發達的十年後，她終於再次鼓起勇氣挑戰，然而依舊枉然！

同樣是十一次的治療，過程中的疼痛依舊，深紅色的胎記變淺紅色，但還是失敗，沒多久還冒出幾顆斗大的顆粒，醫師說是正常現象只能改善卻不會好，最後小娟徹底的放棄了，其實伴隨她走過無數年頭的胎記，在她心中早已釋然。

一路走來小娟發現在善與愛的環境下成長，雖然小學時調皮的男同學曾開玩笑地「紅面耶！紅面耶！」的叫喚著，心裡面曾經有過小小的自卑感，但發現那只是玩笑話，幸虧一直有家人與好友相伴走過無憂的歲月。

更珍惜因為有「它」，她的人生才如此充滿色彩，也一步步將她引入善門走入慈濟，所以她覺得胎記不僅是「善的印記」，更是「菩薩的印記」，時時警惕她要「口說好話、腳走好路、身行好事」，才能行菩薩道。

（文：何淑麗）

練心性 傲慢成菩提

美之卷｜林金英

（攝影：何姿嬅）

「砰！砰——砰——砰——」林金英用力將講桌一手推開，講臺前的桌子和椅子如骨牌般倒下，怒氣沖天的她，「蹦！蹦！蹦……」地衝下樓，語無倫次的罵著孩子：「都教這麼多次，還考這種爛分數！」剛好遇有家長來參觀安親班，情緒失控的她，口無遮攔的直說：「不教了，都要關門了，還看什麼看！」

讀「靜思語」啟發　安住躁鬱病情

林金英在生下第一胎女兒時，常常產後憂鬱；兒子再出生後，她無法自我控制的情緒越發嚴重，產生了所謂的「躁鬱症」。躁期時，感覺自己有很多精力、理想及衝動，想做很多事，但易怒的脾氣，卻是一發不可收拾。鬱期時，很怕進教室，一到門口，總是躊躇好久，站上了講臺，手抖得無法上課。

同事見狀，給了她兩本《靜思語》：「大林老師（為區分同在安親班妹妹的稱呼），有時間看看，對妳會有幫助。」金英隨手塞進抽屜。兩年後，同事見她病情越發嚴重，又再給了她兩本《靜思語》。

一天，在櫃臺裡閒坐的金英，打開抽屜，看到《靜思語》一書，隨手拿起翻閱……

越看越覺得裡頭的字句很有意思。其中一句「人生沒有所有權，只有生命的使用權」，讓她決心一定要克制情緒，停止躁鬱症的用藥。「既然人生沒有所有權，只有生命的使用權」，那我一定能夠控制「它」！

靠著意志力控制病情，她也對《靜思語》的作者起了好奇心，決定要好好認識他。她每天看大愛電視《人間菩提》節目，也到位於民權路的臺中分會請購證嚴上人的著作。心裡對自己發願：「一個禮拜，要看完一本書。」大約一年，就把上二〇〇七年前出版的佛典系列和人生系列著作都讀遍了。

在這期間，每當金英心中對「人為什麼要活著？」「夫妻間的相處之道？」起了疑問時，彷彿在《人間菩提》或書上，總會恰巧地得到解答。這分奇妙的因緣，讓金英更積極地想要汲取上人的法水。

而對「慈濟法髓」套書中的慈濟四大志業，林金英對「人文」印象最為深刻。因為身為長女，媽媽對她要求特別高，但總是以「打」教育，所以她從小就不快樂。人文志業中有一段文字寫著：「人文是自作歡喜，教作歡喜，觀作歡喜。」因為有好多歡喜，所以她對「人文」特別感到興趣。

於是她問同事：「我想要上課，慈濟哪裡可以上課？」一開始她只接觸「慈濟教師聯誼會」。但心急的林金英不滿足地再問同事：「慈濟還有什麼課可以上？」一心只想上課深入了解慈濟，剛好搭上了二〇〇六年的「人文真善美通識課」。一整天的通識課下來，完全聽不懂的林金英，還是繼續上完一整年的課程。她感受到大家庭裡的溫馨氛圍，這是多年來，唯一能夠讓她沉靜自在的地方。

親子對答　照見自我無明與傲慢

於是，林金英告訴家人想參加慈濟的決定，兒子問她原因。她很篤定地回答：「媽媽想要把脾氣變好。」

「是不是就不會像上次一樣，把桌子推倒了！」兒子的一番話，讓她極為驚訝而無語，當時的不良示範，竟然讓才兩歲的兒子深記腦海。不當的言行，深烙稚子純淨的心，令她永難忘懷，一直引以為警惕的一段過往。

有著家人的支持，上完「人文真善美通識課」，林金英接著上萬榮奭導演的「影視企畫」。面對陌生的錄影機，影視製作更是完全不懂。但她不服輸，轉向請教懂剪輯的前輩，跟他們學習，再帶軟體回家自己「研究」。

林金英與團隊，從企畫、跟拍錄影、熬夜剪輯，全心全意投入，認真「做作業」。他們共拍攝了十幾卷DV帶，因為平時她要求學生要按照老師規定的作業做完，所以她也完全依照萬導給的方向、規定，將其中的精華片段，剪輯成十分鐘的影帶。很努力與團隊一起完成了第一支影片，片名為《開窗向陽》。

團隊每個人在過程中都非常努力，也因為看到大家的用心付出，她也對自己做出的片子感到自豪。等到下次上課時，萬導早上就一直在討論「別人」的影帶，好不容易熬到了下午，結果導演還是繼續早上的課題。此時的金英按耐不住心中的怒火，「講那什麼東西啊？拍那什麼爛片！他們根本就沒有遵照規定。不公平！」她忿忿地跑出教室，塗鴉去了。

在筆記本上亂塗亂畫發洩情緒的林金英，一時內急走進了化妝室。推開門時，正與門上貼的一句好話——「沒有患得之心，就沒有患失之苦」相照面。她心裡頭一震，上完廁所，趕緊乖乖的回座位上課。

當她把心靜下來時，才發現「原來萬導並非只是在歌頌這部影片，而是以它作為題材，來教我們如何企畫？如何運鏡？如何剪輯？」放下傲慢，金英終於明白萬導的用心與認真教授。

媽媽做慈濟有進步　兒子放心

二〇一〇年從張翠娥手中接下中區人文真善美教育訓練幹事時，林金英心裡想：「反正自己經營安親班，安排課程，協助課前通知及行政相關工作難不倒我。」但陳安永師兄說：「要站在中區的立場，思考怎樣的課程可以幫社區培育人文真善美志工，並將人才延續拓展，而不是只是單純的開課而已。」這一席話，讓金英再次收起傲慢心，把心歸零，從頭學習。

「越是害怕、逃避的事，終必會面對與學習。」這是金英進入慈濟後的深刻體會。課程推行時往往需要與社區教育培訓窗口電話溝通，但對於害怕用電話跟陌生人談話的林金英來說，是一項艱困的事。「記得第一次要打電話給簡宏正師兄時，還一再演練，才敢撥出電話。」

課程進行當中，因有作業讓志工練習，所以常需要致電關心。有時志工並非只有承擔一項勤務，或家業正在忙，也常遭到口氣不好的回應，簡宏正師兄的一句鼓勵：「要提高自己的高度和廣度來看待人、事。」讓金英轉換心念：「以往脾氣不好，在安親班又習慣扮黑臉，所以處處與人結惡。承擔這項工作可以和更多不認識的人結好緣，其實只要心不難，事就不難。」

在與社區菩薩互動中，林金英體悟到，若沒將自己的身段放下，也沒有同理心的時候，散發出的氣味就是給人「以上對下」的感覺。

張廷旭師兄曾對她說過一句話：「當每一個新發意的菩薩來上課，你無法預知他是否是未來的大菩薩！」所以對每一位來共修的人文真善美志工，她都以虔誠的心來感恩，因為他們也許將是為社區、為慈濟以後留經藏的大菩薩。

承擔人文真善教育訓練，對林金英來說，不只改善自我習性，又能與人結好緣，雖然遭受挫折最多，但也收穫不少。

每次她要回花蓮營隊時，兒子都會故意問她：「妳是不是要回去，讓師公上人再把妳教乖一點？」金英知道自己的習氣還很重，有很多地方需要再精進。但兒子看到媽媽從參加慈濟後，已經不再歇斯底里的發脾氣，知道媽媽有改變了，所以常會嚴肅的從頭到腳看她一遍，然後認真的說：「媽媽，妳有進步了！」

（文：林美宏 臺中報導 二〇一三年十月七日）

說故事的人 01 看見真實人生

作　　者／陳怡伶．王純瑾．蘇哲民．吳曉紅．黃子嫻．蔡素美．張素玉．黃玉櫻．林瑋馨．
謝玉珠．彭鳳英．楊欣樺．林綺紅．蔡素玲．林美宏．顏吟修．邱麗雲．卜堉慈．
張玉梅．陳美蓮．李佩倫．胡青青．何淑麗
（慈濟人文真善美志工，依篇章順序排列）

策劃指導／顏博文（慈濟基金會執行長）
總 策 劃／何日生（慈濟基金會文史處）
出版統籌／賴睿伶（慈濟基金會文史處）
企劃編輯／廖右先（慈濟基金會文史處）
編　　校／黃湘卉（慈濟人文真善美志工）

圖文協力／文史處圖像組

責任編輯／林欣儀
美術編輯／劉曜徵

總 編 輯／賈俊國
副總編輯／蘇士尹
行銷企畫／張莉榮．廖可筠．蕭羽猜

發 行 人／何飛鵬
法律顧問／元禾法律事務所王子文律師
出　　版／布克文化出版事業部
臺北市中山區民生東路二段 141 號 8 樓
電話：(02)2500-7008 傳真：(02)2502-7676
Email：sbooker.service@cite.com.tw
發　　行／英屬蓋曼群島商家庭傳媒股份有限公司城邦分公司
臺北市中山區民生東路二段 141 號 2 樓
書虫客服服務專線：(02)2500-7718；2500-7719
24 小時傳真專線：(02)2500-1990；2500-1991
劃撥帳號：19863813；戶名：書虫股份有限公司
讀者服務信箱：service@readingclub.com.tw
香港發行所／城邦（香港）出版集團有限公司
香港灣仔駱克道 193 號東超商業中心 1 樓
電話：+852-2508-6231　　傳真：+852-2578-9337
Email：hkcite@biznetvigator.com
馬新發行所／城邦（馬新）出版集團 Cité (M) Sdn. Bhd.
41, Jalan Radin Anum, Bandar Baru Sri Petaling,
57000 Kuala Lumpur, Malaysia
電話：+603- 9057-8822　　傳真：+603- 9057-6622
Email：cite@cite.com.my
印　　刷／韋懋彩色製版印刷有限公司
初　　版／2021 年（民 110）1 月
售　　價／250 元
ISBN ／ 978-986-5568-06-1

說故事的人 / 陳怡伶, 王純瑾, 蘇哲民, 吳曉紅, 黃子嫻, 蔡素美, 張素玉, 黃玉櫻, 林瑋馨, 謝玉珠, 彭鳳英, 楊欣樺, 林綺紅, 蔡素玲, 林美宏, 顏吟修, 邱麗雲, 卜堉慈, 張玉梅, 陳美蓮, 李佩倫, 胡青青, 何淑麗作. -- 初版. -- 臺北市: 布克文化出版事業部出版: 英屬蓋曼群島商家庭傳媒股份有限公司城邦分公司發行, 2021.01-

冊；　公分

ISBN 978-986-5568-06-1
(第 1 卷：平裝)

1. 志工 2. 通俗作品

547.16　　109019084

© 本著作之全球中文版（繁體版）為布克文化版權所有．翻印必究

城邦讀書花園 www.cite.com.tw

布克文化